Metabolic Balance®

D1936580

Dr. med. Wolf Funfack

Metabolic Balance®
Die Diät

Schluss mit Hungerkuren!
Das individuelle Ernährungsprogramm
zum gesunden Körpergewicht

südwest

INHALT

Metabolic Balance empfiehlt naturbelassene Kost statt Fastfood.

Tägliche Bewegung und Wasser trinken gehören zu einem gesunden Lebensstil.

Verloren geglaubte Energie und Leistungsfähigkeit kehren schnell zurück.

Auf die richtige Auswahl der Zutaten kommt es an.

Langjährige Erkenntnisse

Seit über 30 Jahren beschäftige ich mich mit der auf das Innere eines Menschen gerichteten ganzheitlichen Medizin. 1975 schrieb ich meine Doktorarbeit über das »Übergewicht bei Säuglingen«. Dann lag als junger Arzt mein Tätigkeitsschwerpunkt zunächst in der Arbeit auf der Intensivstation: Hier versorgte ich Akutpatienten mit Beatmungsmaschinen, legte Herzschrittmacher und kämpfte sozusagen an vorderster Front um das Leben der Patienten. Für mich zählte diese Tätigkeit damals zur eigentlichen Medizin. Kollegen, die ihren Patienten eine Therapie durch Veränderung der Ernährung empfohlen haben, habe ich belächelt und bei mir gedacht, dass dies mit der eigentlichen Medizin doch wohl recht wenig zu tun hätte. Heute kann ich sagen, dass ein Großteil dieser damaligen Patienten auf der Intensivstation vermutlich nicht dort gelandet wären, hätten sie sich richtig ernährt. Seit 1983 führe ich als niedergelassener Internist Stoffwechselkurse für Patienten durch. Kernpunkte meiner Arbeit in der Praxis sind seither Ernährung und Stoffwechselvorgänge. 2001 ergab sich dann aber die Situation, dass ich über das Thema »Übergewicht« referierte, während ich selbst mit über 95 Kilogramm Körpergewicht übergewichtig war. Die Suche und das, wonach ich suchte, wurden eins! Lag es bei mir am Ende doch auch »nur« an den Drüsen? Oder ernährte ich mich nach wie vor so falsch, dass meine (Hormon)-Drüsen nicht richtig arbeiten konnten? Frustriert und ernüchtert stellte ich meine (= die allgemeine) Gedankenpyramide querdenkend auf den Kopf. Die Abkehr von den gewohnten Denkweisen eröffnete mir jetzt den kreativen weiten Blick auf die Regulation aller Hormone im menschlichen Körper. Im Fokus der Betrachtung steht der individuelle Mensch und seine ganz persönliche Ernährung. Seine innere Chemie gilt es in Resonanz zu bringen mit seiner Nahrung. »Die« andere Art des Sehens heißt: Metabolic Balance.

Mit Metabolic Balance versorgen Sie Ihren Körper mit den Grundnährstoffen, die für einen ausgewogenen Stoffwechsel erforderlich sind. Zudem führt Metabolic Balance zu einem veränderten Körperbewusstsein, der Stoffwechsel kommt ins Gleichgewicht und führt so zum erfolgreichen Gewichtsverlust.

Das Leben als Ganzes betrachten

Das vorliegende Buch sieht Ernährung als die Grundlage im universellen Lebensfluss (»panta rhei«). Ihre Ausgewogenheit schafft die Basis für Energie und Gesundheit und legt den Grundstein allen körperlichen Wohlbefindens von Säuglingstagen an. Den einfachen Lebensgesetzen in unserem Körper und seinen vielfältigen auf den gesunden Lebensfluss ausgerichteten Wegen und Bahnen im Inneren (Harn*wege*, Luft*weg*, Blut*bahn*, Lymph*bahnen*, Nerven*bahnen*, Energie*bahnen*, Speise*röhre*, Verdauungs*kanal*, Rückenmarks*kanal*, Nieren*kanälchen*, Gehör*gang*, Gallen*gang*) entspricht das Herzstück des Programms: der Nahrungsfahrplan. Sein Netzwerk aus Blutdaten und Nahrungsbausteinen ist der Kunstgriff, mit dem sich in den biologischen Schaltplan der Hormone im Körper eingreifen lässt.

Meinem Credo, dass alle wesentlichen Dinge im Leben ganz einfach sind, entspricht auch mein ärztliches Handeln, Menschen einfach mit der für sie richtigen Nahrung wieder gesund werden zu lassen.

Praktische Umsetzung

Mein jahrzehntelanges Wissen um Ernährungs- und Stoffwechselfakten, meine Forschung, die Erfahrung aus meiner tagtäglichen Praxis mit Menschen, die unter ihrem Übergewicht leiden, sowie die Resonanz von mittlerweile mehr als 230 000 Teilnehmern gaben mir den Anstoß, mit diesem Buch an die Öffentlichkeit zu gehen. In Kooperation mit der Heilpraktikerin Martina Sieber-Mahler, einer Betreuerin von Metabolic Balance, entstand dieses Handbuch für die Praxis, das Lust auf's Lesen und auf's Essen machen will. Es will wecken und berühren, beraten und begleiten und animieren, Gourmet und dabei schlank zu sein! Nichts stimuliert uns mehr als der Erfolg – vor allem der, den wir fast schon nicht mehr erwartet haben. Als Begründer und Vater der Methode Metabolic Balance wünsche ich Ihnen, dass Sie wieder instinktsicher genießen, schlemmen und feiern lernen!

Dr. med. Wolf Funfack

Ein Leitfaden

Obwohl wir Deutschen immer mehr Light- und Diät-Produkte zu uns nehmen, werden wir immer dicker. Das Thema »Essen, Übergewicht, Diät« ist ein Dauerbrenner. Noch nie gab es so viele Bücher, Fachartikel und Fernsehsendungen zum Thema »Richtig essen«, und noch nie gab es so viele übergewichtige Menschen, deren Krankheiten oft auf falsche Ernährung zurückzuführen sind. Der Wust an Informationen hat sich inzwischen zu einem Labyrinth ausgewachsen. Labyrinthe sind bekanntlich Gänge, aus denen Menschen nicht herausfinden, es sei denn, sie erhalten den berühmten Faden, den in der Mythologie schon Ariadne in Händen hielt und damit dem Helden Theseus den Weg zurück ins Licht der Realität ermöglichte.

Wir zeigen Ihnen, wie Lebensmittelchemie und Ihre eigene Körperchemie miteinander metabolisch in Balance gebracht werden können. So lassen sich langfristige Gesundung und das zu Ihnen passende Gewicht dauerhaft realisieren.

Wegweiser zum Wohlbefinden

Unser zeitgemäßer *Leitfaden* führt durch die bunte Welt der schillernden Ernährungsratgeber, der modernen Wellnessdiäten und der boomenden Gesundheitsliteratur. Er nimmt Sie mit auf eine Entdeckungsreise in Ihren Körper und führt Sie durch das Angebot neuer und alter Lebensmittel. Sie schicken Ihre inneren Organe vorübergehend »auf Kur«, haben am Ziel ein neues, gesundes Ernährungsbewusstsein und finden damit zu besserer Leistungsfähigkeit, mehr Energie und Lebensfreude. Ihr Mitbringsel ist Ihr schonend neu gewonnenes Idealgewicht. Sie stellen zudem fest, dass Sie vielen Ihrer Beschwerden wie nebenbei erfolgreich an die Wurzel gegangen sind.

Der Mensch ist, was er isst

Metabolic Balance ist ein ganzheitliches Körper-Seele-Geist-Konzept, das sich scheinbar vordergründig über die bloße Ernährung an die uns allen innewohnende Körperweisheit, unseren inneren Arzt, richtet. Der logische Weg zur Gesundwerdung und -erhaltung des Menschen durch bedarfsgerechte Nahrung zeigt auf, wie jeder Einzelne – übergewichtig oder nicht, alt oder jung, krank und medikamentös eingestellt oder einfach energielos, müde und schlapp – seine Lebensqualität verbessern kann.

Am eigenen Körper erspüren

Dieses Buch versteht sich deshalb als praxisorientiertes Handbuch, das den Schlüssel zum Gesund- und Schlanksein in sich trägt. Die einfachen Rezepte zur Speisenzubereitung und die Fallbeispiele aus der Betreuungspraxis sollen Lust machen auszuprobieren, zu genießen; sie sollen Sie zu einem neuen Körpergefühl verführen.

Das Programm Metabolic Balance ist verblüffend einfach und vor allem alltagstauglich – auch für Berufstätige, ob sie im Büro sitzen oder viel unterwegs sind.

Im Alltag anwendbar

Wer einmal erlebt hat, wie aus drallem Leben pralles wird, wie messbar veränderte Optik motiviert, der versteht, warum dieses mit seinen vier Jahren noch recht junge Projekt so viel frischen Wind hereinlässt und sich bislang ausschließlich durch Mundpropaganda kontinuierlich verbreitet hat. Meine Neugier auf dieses einfache und geniale Instrument ließ mich erst die Ausbildung und dann den Eigenversuch starten. Angespornt durch eigene sehr positive Ergebnisse in der Familie und mit Patienten, arbeitete ich mich umfassend in die Materie ein. Ich bin fasziniert davon, welcher Stein ins Rollen kommen kann, wenn nur mit der Umstellung der Ernährung begonnen wird. Mein großer Wunsch ist, diese besondere Methode möglichst vielen zur Verfügung zu stellen. Als Schülerin von Dr. Wolf Funfack, dem »Erfinder« dieser Methode, habe ich die Idee mitverwirklicht, ein gut verständliches Buch für die tägliche Praxis zu entwickeln.

Martina Sieber-Mahler

Die Menschen in westlichen Industrieländern werden immer dicker. Falsche Ernährung und Bewegungsmangel sind meist die Ursache.

Metabolic Balance: (k)eine Diät

Stoffwechselstörungen durch Ernährung ausgleichen

Auf natürlichem Weg heilen

Metabolic Balance basiert auf zwei Hauptgrundsätzen:

1.) Jeder menschliche Körper ist in der Lage, alle für seinen Stoffwechsel erforderlichen Hormone und Enzyme selbst herzustellen. In jedem Biochemiebuch stehen die Synthesewege, wie Adrenalin, Insulin, die Geschlechtshormone usw. von unserem Körper selbst produziert werden. Wir müssen unserem Körper nur die dazu erforderlichen Grundbaustoffe über die Ernährung zuführen. Und genau das ist es, was wir mit Metabolic Balance machen: Aufgrund persönlicher Angaben und der individuellen Laborwerte stellen wir fest, welche Stoffe dem einzelnen Klienten fehlen, damit er alle die für die Funktionen erforderlichen Enzyme und Hormone wieder selbst herstellen kann.

2.) Ich bin der festen Überzeugung, dass unser Körper in der Lage ist, Appetit auf die Nahrungsmittel zu entwickeln, die die Stoffe enthalten, die ihm momentan fehlen. Beispielsweise Mineralien wie Eisen, Mangan oder Kupfer. Dann entwickelt der Körper Appetit auf ein Nahrungsmittel, in dem genau diese Stoffe enthalten sind. Heutzutage haben wir allerdings das Problem, dass durch die vielen Fertigprodukte häufig diese momentan benötigten Stoffe gar nicht mehr enthalten sind. Beispiel Erdbeerjoghurt: Erdbeeren enthalten Eisen, Mangan und Kupfer, doch im konventionellen Erdbeerjoghurt ist alles drin, nur keine einzige Erdbeere. Dafür sehr viel Erdbeeraroma und Erdbeergeschmack. Der Körper wird dadurch getäuscht. Er entwickelt Appetit auf ein Lebensmittel, in dem normalerweise diese ihm fehlenden Stoffe enthalten sind. Doch sind die Früchte durch Aroma- und Duftstoffe ersetzt worden. Das Gehirn hat alles richtig gemacht, hat Lebensmittel erkannt, die auf der Packung Erdbeeren zeigen und danach schmecken und riechen ausgewählt. Der Darm kann damit aber nichts anfangen, weil die Stoffe, die er benötigt, darin nicht ent-

Ein Dummer tut immer das Gleiche und hofft, dass irgendwann einmal etwas anderes dabei herauskommt. Ein Kluger lernt aus seinen eigenen Fehlern. Ein Weiser dagegen lernt auch aus den Fehlern anderer.

halten sind. Viele Leute wählen ihre Nahrungsmittel auch zunehmend weniger nach ihren eigenen inneren Signalen aus, sondern nach äußeren, etwa nach den Nahrungsmitteln, die aktuell im Werbefernsehen beworben oder griffbereit in die Regale einsortiert wurden. Oder wenn man gerade am Bäckerladen vorbeigeht und es wunderbar nach Semmeln duftet – dann geht man vielleicht hinein und kauft sich etwas, obwohl man im Moment eigentlich gar keinen Hunger verspürt. Der individuelle Metabolic-Balance-Ernährungsplan empfiehlt genau die Lebensmittel, die der Klient für seine ausgeglichene Funktion wirklich braucht, spiegelt sozusagen die inneren Signale und Bedürfnisse des Klienten wider, damit all die erforderlichen Enzyme sowie Hormone produziert werden können und sein Stoffwechsel wieder in die gesunde Balance kommt. Die Auswahl der Lebensmittel richtet sich bei Metabolic Balance daher nicht nach ihrem Kaloriengehalt, sondern nach den Inhaltsstoffen wie Vitaminen, Mineralien, Spurenelementen, dem Kohlenhydrat-, Fett- und Eiweißanteil sowie deren Einfluss auf das Hormonsystem.

Mit Hilfe des Essensfahrplans halten Sie wie ein Artist und Seiltänzer Ihr Gleich(es)-gewicht. Federleicht unterstützt der Plan wie eine Balancierstange Ihren Weg und gibt Halt beim großen Thema »Essen, Diät und Übergewicht«.

Die »Hormon«-Drüsen spielen eine wichtige Rolle

Das Metabolic-Balance-Programm ist als Stoffwechselprogramm konzipiert worden, das den Körper in die Lage versetzt, die für seine Funktionen wichtigen Hormone wieder selbst herzustellen. Dazu werden die Nahrungsmittel, die den Insulinspiegel im Körper niedrig halten und auf diese Weise die wichtigen Stoffwechselvorgänge wieder in die Balance bringen, bevorzugt verzehrt. Das Angebot ist dabei abwechslungsreich und reichhaltig. Essen ist hier eben keine Sünde oder ein Zeichen von Willensschwäche, bei dem sofort das schlechte Gewissen auftaucht, sondern Essen darf wieder Spaß machen, Lust befriedigen und im täglichen Leben wichtiger Baustein für Kommunikation und soziale Kontakte sein.

Wer mit Metabolic Balance anfängt, der macht den ersten Schritt in die richtige Richtung zur veränderten sinnlichen Wahrnehmung des eigenen Körpers. Denn schon Aristoteles sagte: »Der Anfang ist die Hälfte des Ganzen.«

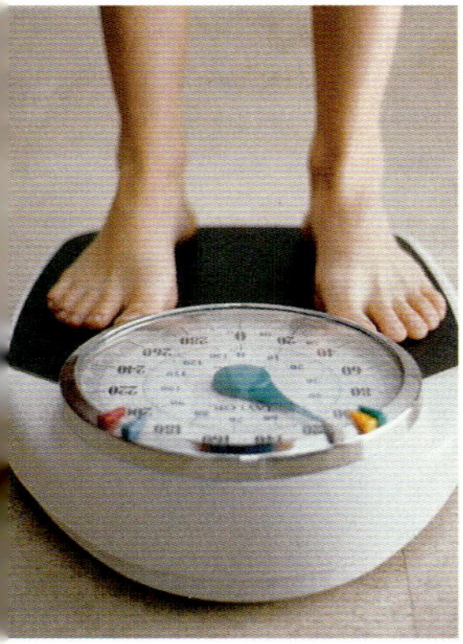

Viele Übel nähren sich aus einer Wurzel: Übergewicht!

Fallbeispiel: »Es muss an den Drüsen liegen!«

Mein 53-jähriger Freund Klaus, Produktmanager in einem internationalen Unternehmen, erzählt mir beiläufig am Telefon, dass mit zunehmendem Alter auch die Figur langsam, aber sicher flöten gehe: »Der Lack ist ab!« Bei näherem Nachfragen erfahre ich, dass bei der letzten ärztlichen Untersuchung festgestellt wurde, dass er allein im letzten Jahr etwa 10 Kilogramm zugenommen habe. Sein Arzt habe bedenklich geschaut und etwas von Bluthochdruck, schlechten Leberwerten und Diabetes gemurmelt. Aber er wisse schon, das sei eben der Stress. Nur müsse er ständig Medikamente und diese in höheren Dosen als vorher einnehmen. Auf vier Präparate zur Blutdruckregulierung habe er es gebracht, und wenn der Zucker nicht runtergehe ... Überhaupt sei er oft müde, fühle sich trotz ausreichenden Schlafs immer wieder wie gerädert, die Knochen täten ihm weh, und die Familie fände ihn abends erschöpft und antriebslos auf dem Sofa vor.

Durch Metabolic Balance kommt es zur gesunden Regulierung von Blutdruck, Leber-, Zucker- und Blutfettwerten. Es liegt tatsächlich an den »Hormon«-Drüsen!

Einfach dick ... oder schon krank?

Als wir uns kurz darauf persönlich treffen, fällt mir auf, dass er blass, müde, irgendwie aufgeschwemmt und schlicht und einfach viel zu dick geworden ist. Und während er vier Löffelchen Zucker in seinen Kaffee schaufelt und genüsslich lange darin herumrührt, meint er, er müsse eben die Qual einer Nulldiät noch mal auf sich nehmen. Das hätte immer ein bisschen was gebracht. Obwohl beim letzten Mal, da sei es ihm zwar besser gegangen, aber richtig abgenommen habe er komischerweise kaum. »Wenn es mir nur nicht immer so gut schmecken würde«, sagt er. »Du weißt ja, auch die Arbeitsessen ... Ich esse aber jetzt richtig gesund inzwischen« – (mir fällt sein schlechtes Gewissen auf) – »denn jetzt gibt es Käse bei mir und wenig Fleisch, morgens ein großes Knuspermüsli, und im Büro esse ich zwischendurch einfach mal getrocknete Feigen und keine Gummibärchen mehr! Übrigens«, ergänzt er, »bei mir kann es doch auch an den Drüsen liegen, oder? Das habe ich nämlich vor Kurzem gelesen! Ja früher, da bin ich gejoggt, aber für Sport fehlt mir einfach die Zeit!« Da wir gerade beim Essen sind, erzähle ich ihm von meiner Metabolic-Balance-Fortbildung und amüsiere mich nebenbei über sein Zucker-Tasse-Ritual. Irgendwie hat es bei ihm bei diesem Gespräch Klick gemacht. Jedenfalls drückt er mir seine Laborergebnisse mit dem Arztbericht in die Hand und meint, *ich* könne da sicher was für ihn tun!

Sein Blut – seine Ernährung

Das tue ich dann auch, indem ich ihn durch meine naturheilkundliche Behandlung auf Metabolic Balance vorbereite. Was ihn jetzt reizt, ist das neue Abenteuer, denn er kennt natürlich die einschlägige Literatur, und Nulldiäten, Heilfasten, FdH, Trennkost und Atkins hat er am eigenen Leib erfahren. Der Unglaube darüber, dass man bei dem Programm keinen Hunger haben soll, steht ihm förmlich ins Gesicht geschrieben. Irgendwie muss ihm eingeleuchtet haben, dass sein Blut den Takt für seine Ernährung vorgibt. Die Vision, ohne oder wenigstens mit nur sehr wenigen müde machenden Medikamenten auszukommen, beflügelt ihn. Und die Aussicht auf mehr Elan und Lebensfreude kommt dazu. Wenn dann auch noch die Figur passt – genial! Meine eigene Begeisterung hat er auch gespürt, jedenfalls beginnt für ihn sofort das Abenteuer Metabolic Balance. Heute hat er 18 Kilogramm Gewicht weniger auf den Knochen, ist praktisch medikamentenfrei, und sein Blutzuckerwert ist wieder völlig normal. Nach wie vor hält er sich an die Empfehlungen von Metabolic Balance, dem Verdauungstrakt tagsüber jeweils fünf Stunden Ruhe nach einer Mahlzeit zu gönnen und gut drei Liter Wasser zu trinken.

Viele Metabolic-Balance-Teilnehmer berichten, dass sie kein Sodbrennen mehr plagt und die Gelenkprobleme verschwinden.

Obwohl die Menschen immer mehr Light-Produkte verzehren, werden sie kontinuierlich dicker. Instinkt und echter Hunger versagen.

Was ist los mit unserer Ernährung?

Essgewohnheiten zeigen sich auf der Waage

always

Tischlein deck dich

Vielfach bekannt ist das Märchen vom »Tischlein deck dich«. In diesem Märchen wurde berichtet, dass der Tisch übervoll von Gebratenem und Gesottenem und von den schönsten und vollsten Schüsseln reichlich besetzt war. Genau so wie der Schreiner in dem Märchen können auch wir, wann immer wir Hunger, Durst oder auch nur Gelüste verspüren, unser Tischlein decken. Alle Köstlichkeiten, die wir uns nur vorstellen können, lassen sich jederzeit besorgen. Im Überfluss leben und genießen wir heute – kaum ist eine Schüssel leer, sorgen wir dafür, dass sie alsbald wieder gefüllt wird. Doch die Folgen des ungehemmten Genusses sind erschreckend.

Fast vermutet man, der Mensch rufe seinem Tisch täglich »Tischlein deck dich – light« zu. Doch wir wissen, dass die Menschen immer lighter konsumieren und dabei immer mehr Übergewicht ansammeln.

Kohlenhydratfallen an allen Ecken

Um die epidemische Ausbreitung der dicken Bäuche zu stoppen, suchen Wissenschaftler seit Jahrzehnten nach einer Lösung. Noch gilt nach Meinung der Ernährungsexperten das Dogma, dass fettreiche Kost die Hauptursache für die Zunahme des Übergewichts sei. Weil Kohlenhydrate schlank machten, sollten am besten über 60 Prozent aller Kalorien in Form von Kohlenhydraten auf den Tisch kommen.

Macht Fett wirklich fett?

Mittlerweile geht in den Industrieländern die Angst vor Braten, Speck, Butter und Sahne um, und es hat im Austausch dazu die Kohlenhydratfalle zugeschnappt. Denn nun werden Getreide, Reis, Kartoffeln und diverse daraus raffinierte Produkte verspachtelt, dazu noch Zucker und mit Zucker Gesüßtes. In allen erdenklichen Variationen und an quasi jeder Ecke sind sie 24 Stunden am Tag preiswert zu bekommen: Brötchen und Brot, Baguette und Brezeln, Limonaden, gesüßte Geträn-

Süßes zwischendurch sättigt immer nur für kurze Zeit.

Einfachzucker wie Glukose in Honig, Gebäck und Süßigkeiten hemmen den Fettabbau im Körper. Sie fördern vielmehr den Aufbau von Körperfett.

ke und Bier, Kuchen, Cookies und Eis, Pizza, Pommes, Nudeln, Spätzle: Zucker und Stärke en masse. 60 Prozent und mehr unserer täglichen Nahrung bestehen aus Fertig- und Schnellgerichten, Snacks, Fastfood und Backwaren. Dazu die zuckerhaltigen Getränke: Die Kohlenhydratmast ist perfekt. Doch werden die Warnungen immer lauter, dass es genau diese Kohlenhydrate sind, die uns erkranken lassen, wenn wir sie zu uns nehmen. Verkehrt sich also längst ins Gegenteil, was durch den Fortschritt von Wissenschaft und Technik an verbesserten Lebensbedingungen entstand?

Schnelles Essen an jeder Ecke

Modernes Leben bedeutet schnelles (fast) Essen (food) in vorverarbeiteter Form. In diese Fertig- und Halbfertiggerichte lässt sich alles einbauen und auf lighte Weise verstecken, was Hunger macht auf immer mehr. Auch unseren Durst stillen wir inzwischen nicht mehr mit Wasser. Es sind die gesüßten Getränke und auch Bier, was unsere Kohlenhydrat-Völlerei komplettiert. Die Zahl der Übergewichtigen und Fettleibigen steigt stetig und unaufhaltsam an, gerade dort, wo Fett vermieden wird. Kaum ein Ereignis, kaum eine Party, auf der man sich trifft – es ist bestimmt einer dabei, der sich gerade wieder »zu dick« fühlt. Viele von uns wissen, dass etwas schief läuft mit unserer Ernährung. Solange Fertiggerichte unseren Speiseplan diktieren und die Angebote des Lieferservice unsere Mahlzeiten bestimmen, bescheren wir uns weiter diesen Schuld-&-Sühne-Mix, aus dem es scheinbar keinen Ausweg gibt, weil uns die Zeit dazu zwingt!

Aus Nahrungsmitteln sind Wohlfühlmittel geworden ...

Für die Nahrungsmittelindustrie steht der Umsatz an erster Stelle, egal, ob die Produkte ernährungsphysiologisch sinnvoll sind.

... so hat es ein Manager eines Nahrungsmittelkonzerns vor einiger Zeit auf den Punkt gebracht. »Unsere Produkte sind nicht dazu da, Hunger zu stillen, sondern Appetit zu machen.« Und damit wir uns mit ihnen wohlfühlen, suggeriert uns die Werbung ein Fest der Genüsse. Es gibt aber kaum ein Fertiggericht, das keine Geschmacksverstärker enthält. Wir lieben ihn, den salzig-süßlichen Geschmack, an den wir uns so gewöhnt haben. Uns fällt schon gar nicht mehr auf, dass alles gleich schmeckt. Dass in dem Einheitsbrei auch qualitativ minderwertige Ware verschwinden kann, erkennen wir nicht, weil alles – auch das Aussehen der Nahrung – designbar geworden ist. Und so verzeichnen Hersteller, die sich der Natürlichkeit verpflichtet fühlen und die Produkte »frei von Geschmacksverstärkern« anbieten, Umsatzeinbußen. Dieser »Kick«, den die Zusatzstoffe auslösen, ist bekannt. Denn Studien berichten, dass bestimmte Kombinationen dieser Zusatzstoffe ähnlich wie Glückshormone im Gehirn wirken. Somit ähnelt das Gefühl von Hunger stark dem von Sucht.

Werbung bestimmt den Geschmack

So oder so, das natürliche Geschmacksempfinden geht verloren, und das vor allem bei den Kleinsten, die sich, beeinflusst durch die Werbung, schon sehr früh an bestimmte, meist künstliche Nahrungsmittel gewöhnen. Die Lebensmittelwerbung suggeriert uns, dass der Verzehr der beworbenen Produkte zum Wohlfühlen beiträgt – man ist eben »in«, wenn man moderne Lebensmittel isst. Wenn beispielsweise ein neuer, »gesunder« Müsliriegel beworben wird, der ganz einfach die empfohlene tägliche Obstportion liefert, klingt das zunächst recht harmlos. Wir glauben, damit etwas Gesundes zu essen. Welche ungesunden Fett- und Zuckermengen wir aber damit aufnehmen, steht nur im Kleingedruckten – das lesen wir aber nicht, weil wir wirklich glauben, etwas Gutes zu uns zu nehmen. Statt dessen kaufen wir mehr von dem, was für den kleinen, großen Hunger zwischendurch doch so gut sein soll! Eine neuere Studie hat sich mit der Darstellung von Ernährung im Fernsehen befasst. Das Ergebnis? Vor allem Snacks und Süßigkeiten kommen prima weg – sie machen allein 25 Prozent der dort gezeigten Nahrungsmittel aus. Trendlebensmittel stillen also keinen Hunger, sondern machen uns Appetit auf eine Kost, die uns kein Gramm abnehmen lässt. Kohlenhydratbomben, an denen Leistungssportler ihre helle Freude hätten, blähen uns – die wir immer weniger Energie verbrauchen – die Bäuche auf. Kohlenhydratreich, aber fettarm und somit scheinbar gesund – das sind die Versprechen der Werbekampagnen, mit denen Lebensmittelhersteller in den USA in die Öffentlichkeit gehen.

Der kleine Hunger kommt immer öfter! Hamburgerhäuser, Dönerbuden, Pizzastände und Pommesläden locken überall. Doch die Fertiggerichte sättigen nur kurzfristig.

Low fat, low carb, du darfst, light

Auf der Suche nach den Ursachen für den Herzinfarkt hatte man in den USA schon vor etwa 20 Jahren das Cholesterin als Hauptschuldigen ausgemacht. Die Folge war eine beispiellose »Low-fat-Kampagne«, mit der den Verbrauchern zum Verzicht nahezu aller Fette geraten wurde. Weniger Fett sollte den aus den Fugen geratenen Cholesterinspiegel senken und damit das Infarktrisiko gleich mit. Die Probanden dieser im amerikanischen Wisconsin durchgeführten Studie stillten ihren Hunger daraufhin mit Kohlenhydraten – unterstützt von einer Lebensmittelindustrie, die verstärkt auf Mais und Getreideprodukte baute. Selbst Bananen hatten den Aufkleber »no cholesterol« – doch die Infarkthäufigkeit blieb davon letztlich unberührt. Große Teile der US-Bevölkerung stellten ihre Nahrung auf die empfohlenen fett- und cholesterinfreien Nahrungsmittel um. Das Ergebnis? Die Übergewichtigen nahmen weiter zu – und die Zahl der Übergewichtigen stieg stetig an. Und so, wie das Infarktrisiko weiterhin unbeeinflussbar schien – so baute sich ein anderes Krankheitsbild neu auf: die »Zuckerkrankheit«, Diabetes Typ 2. Die Zahl der Übergewichtigen stieg um 32 Prozent an, und zwar gerade dort, wo auf Fettkalorien verzichtet wurde. Zucker und ungesunde Kohlenhydrate lassen den Zucker- und Insulinhaushalt des Körpers entgleisen und zementieren die Fettsucht auf andere Weise: Aus Zucker wird Fett!

Der hier kurz beschriebene fettfreie Großversuch in den USA führte zu noch mehr Übergewichtigen.

Der Schein trügt

Was also fangen wir an mit all den Low-fat-, Low-carb-, Du-darfst- und Light-Produkten, an denen sich nun Deutschland kräftig krank isst? Können wir nicht einfach aussteigen aus dem gigantischen Vermarktungskarussell der ungesunden Dickmacher? So einfach scheint das ohne irgendeine Hilfestellung jedoch nicht zu sein. Wer das Ziel nämlich nicht genau kennt, kann den Weg auch nicht finden. Allein Soft- und Light-Drinks haben ein weltumspannendes kulturelles Image heraufbeschworen, das heute bis ins Kleinste sichtbar ist. Nicht nur die unterschwellige Kauflust ist es nämlich, die zu unserem »Lightwesen« beiträgt. Es gibt inzwischen eine neue Methode, die messen kann, was tief in unserem Gehirn für Wohlbefinden und Belohnung sorgt, wenn wir ein süßes Getränk zu uns nehmen. »Neuromarketing« heißt das Zauberwort. Es nutzt die aus der Medizin kommende Magnetresonanz-Tomographie (MRT) zur Messung unserer Gehirnaktivität. Je nach Getränk, so der wissenschaftliche Versuch, lässt sich bestimmen, was unbewusste Kauflust stimuliert – das kann Belohnung, Wohlgefühl und auch Erinnerung sein. Die Gehirnscanner, die in unser limbisches System und die hier vermessenen Areale unseres Gehirns schauen, liefern Ergebnisse, die zur Entwicklung von Designfood genutzt werden können. Sie bringen Wünsche aus unserem Unterbewussten zutage, die wir noch gar nicht kennen. Schöne, neue Design-Welt?

Im Märchen »Tischlein deck dich« leuchtete ein »großes Glas roten Weins« dem Helden entgegen. Vom roten Plastikbecher mit gesüßter Limonade war keine Rede.

Viele verschiedene Eiweißarten zu einer Mahlzeit belasten die Verdauung und übersäuern den Körper.

Erschreckende Zahlen

Andererseits wissen Mediziner und Biologen, dass Fehlernährung und Übergewicht nicht nur zu den zitierten ernährungsbedingten Krankheiten führen, sondern dass diese bereits für rund zwei Drittel der Todesfälle verantwortlich sind. Der alljährliche Ernährungsbericht der DGE sieht düster aus. Rund 65 Prozent der Männer und über die Hälfte der Frauen bei uns sind viel zu dick. Und was essen wir? Zu wenig Obst und Gemüse, immer noch zu viel Fett und Kohlenhydrate, und Menschen über 50 verzehren insgesamt zu viel. Von den regionalen Unterschieden abgesehen, dominieren Bier und Spirituosen, Snacks und süße Sachen. Und hier – wie in den USA – trifft Fettleibigkeit vor allem einen wachsenden Teil der Bevölkerung aus sozial schwachen und eher schlecht gebildeten Schichten. Gleichzeitig steigt im Laufe eines Lebens das Ernährungsbewusstsein der Deutschen, und trotz zeitlicher Belastung im Alltag und Beruf nehmen sich die Menschen hier im Durchschnitt täglich 1 Stunde und 43 Minuten Zeit zum Essen – das sind 21 Minuten mehr als noch vor 10 Jahren.

Chancen für die Zukunft

Gesunde Ernährung hat also durchaus die Chance, langsam Teil eines modernen Lebensstils zu werden, und liegt irgendwie auch im Trend. Solange sich jedoch auch offizielle Ernährungsempfehlungen noch immer für reichlich Kohlenhydrate in Form von Getreideprodukten aussprechen, industriell erstellte Nahrungsmittel nach profitablen Marktchancen designt werden (light ist trendy – also darfst und sollst du!), Werbespots demnächst auf die richtigen »Kaufknöpfe« in unseren Köpfen nur oft genug zielen, solange wird unser Suchen hilflos sein nach dem, was unserer Gesundheit dient. »Das grüne Löffelchen« – ein Siegel, das für besonders gesunde Produkte wirbt – erreicht im Märchen unserer Tage womöglich dann den falschen Tisch, der schon damals »sich nicht regte ... und so leer ... (blieb) ... wie ein anderer Tisch, der die Sprache nicht versteht«.

Die willentliche Zügelung des Appetits war bis ins späte 19. Jahrhundert Tugend gegen Völlerei, die als Sünde angesehen war.

Ernährung wird standardisiert – und die Folge?

Nicht erst seit Atkins revolutionieren Ernährungsempfehlungen das Essverhalten der Menschen. Grundgedanke war und ist stets: »Halte dich an *diese* gesunde Ausrichtung der Ernährung und du wirst schlank sein.« Egal ob Vollwertküche, Makrobiotik, FdH, South Beach, Montignac, ganz gleich ob Ayurveda-, Blutgruppen- oder 5-Elemente-Diät – die Ernährungsempfehlungen wurden dabei immer standardisiert und auf ein für alle geltendes Maß gebracht. Dies löste weltweit gigantische Wellen aus. So ernähren sich z. B. derzeit in Großbritannien drei Millionen Menschen kohlenhydratarm, in den USA gar 30 Millionen. Nahrung, ihre Zubereitung und Aufnahme, sind weltweit kulturelles Gut, das soziale Ordnung, ethnische Zugehörigkeit und nationale Identität beschreibt.

Jeden Menschen individuell betrachten

Alle Diäten der letzten 30 Jahre wandten sich von der Moral der Selbstkontrolle jedoch ab. Vernunft kontra Gier schien nicht mehr zeitgemäß zu sein, vielmehr hieß die neue Losung: »Iss – damit du schlanker wirst!« Die Kritik an allem, was nach Selbstkontrolle verlangt, schien Willenskraft und Entschlossenheit im Kampf gegen die Waage weder nötig noch wünschenswert zu machen. Doch nun wissen wir: Essgelüste und -bedürfnisse sind individuell. Sie bilden keinen einheitlichen Kanon. Weil sie so persönlich wie der Fingerabdruck sind, gehören sie zur Konstitution eines Menschen dazu. Um das dazu passende Gewicht zu finden und zu halten, ist ein Programm nötig, das die Individualität eines Menschen mit den Lebensmitteln verknüpft, die zur spezifischen biochemischen Struktur seines Organismus passen. Das Ergebnis ist der persönliche Ernährungsplan. Er ist der individuelle Weg zum Zielgewicht, das dann auch erhalten bleibt.

Metabolic Balance ist der rote Faden, der bündelt, lenkt und führen kann. Wenn Sie ihn als Kompass für Ihr Aussehen und Ihre Gesundheit nutzen, kommen wieder Orientierung und neue Perspektiven in Ihrem Leben auf.

Verantwortung übernehmen

Die Unterstützung unseres natürlichen Instinkts fällt uns leicht, wenn sie uns dabei hilft, den Weg im Durcheinander des modernen Nahrungsschlaraffenlandes zu finden. Dazu müssen Sie nicht hungern oder fasten, sich nicht selbst kasteien und sich auch nicht belohnen. Es sind unsere eigenen Lebensdaten, mit den für uns verträglichen Nahrungsmitteln verknüpft, die uns gesunde Essenslust bescheren und die uns schlank sein lassen – ganz so, wie es unser Bauplan vorgesehen hat. Das neue (hormonelle) Gleichgewicht einer solchen personellen Diätetik (oder auch: Metabolic Balance) lässt alle bis dahin Suchenden wieder Eigenverantwortung übernehmen: bei der Auswahl der Lebensmittel etwa oder im Verfolgen ihres Plans. Das wiedergewonnene Maß an Selbstbestimmung ist Ihrer individuellen Gesundheit zuträglich – jenseits aller Trends und Standards.

Esstraditionen kontra multi/kulti

Alte Esstraditionen, z. B. die der regionalen Küchen in Deutschland, belegen, dass es ein solches instinktgeleitetes Essverhalten früher bei uns durchaus gegeben hat. Wie ein Forschungsteam in den USA herausfand, weist der Blick auf traditionelle Essgewohnheiten darauf hin, dass die Fähigkeit, sich ausgewogen zu ernähren, offenbar angeboren ist. Ohne jegliches Vorwissen haben Menschen schon immer unterschiedliche Lebensmittel mit essenziellen Aminosäuren aus Bohnen und Reis kombiniert. Die Forscher fanden heraus, dass der Körper die Nahrungsaufnahme steuert, dass er selbst weiß, was er essen will – zumindest bei der Aufnahme von Eiweiß, das die lebenswichtigen Aminosäuren enthält. Gleich einer Überlebensstrategie existiert ein internes Kontrollsystem, das Alarm schlägt, wenn ein Mangel an einer der acht essenziellen Aminosäuren droht. Von diesem Kontrollsystem geführt, entstanden bei unseren Vorfahren in religiöse und jahreszeitliche Zusammenhänge eingebettete Rituale, die Brauchtum wurden und auch physiologisch sinnvoll waren: Bis in die 1930er Jahre hinein ernährten sich die Deutschen von heimischen Nahrungsmitteln der Saison und kannten neben den Zeiten des Feierns auch Zeiten des Verzichts; Wohlstandserkrankungen waren ihnen fremd.

»Es ist ein gutes Gefühl, dass ich meinen Körper und damit auch mein Gewicht wieder im Griff habe und nicht mehr mein Körper mich über seine Symptome!«, sagte ein Patient über Metabolic Balance.

Die Zeiten haben sich geändert

Seit etwa drei Generationen ist es allerdings die Masse, die uns Fülle suggeriert. Sie ist es, die unseren Stoffwechsel allmählich entgleiten lässt. Alle Lebensmittel sind jederzeit billig und in großer Menge vorhanden – so entsteht die Illusion von Überfluss. Erdbeeren und Kirschen stehen uns mittlerweile auch im Winter zur Verfügung. Lifestyle-Trendküchen verlagern Exotik und Fernweh ins Essen und haben mit dazu beigetragen, dass unsere heimische Küche Gourmethöhen erklimmen musste, wenn sie nicht hausbacken untergehen wollte. Die Alltagsküche aber, so zeigt es nicht nur die Werbung, soll schnell gehen und sich an unseren Arbeitsrhythmus anpassen. Wer keine Zeit für Pausen hat, wem Essen zur lästigen Pflicht eines schlecht zu unterdrückenden Triebes geraten ist, der will damit möglichst keine Zeit verlieren. Was liegt da näher, als die Currywurst von gegenüber, der Döner-Imbiss am Eck, der Chinese an der nächsten Straße oder die Pizza vom Lieferservice zu verzehren?

Die Vermittlung gesunder Essgewohnheiten muss schon im Vorschulalter beginnen – damit sich schlechte Gewohnheiten gar nicht erst etablieren.

Die Kühltechnik beeinflusst das Angebot

Auch in dieser Hinsicht ist die Welt näher zusammengerückt – bis hinein in die kleinsten Dörfer, die es schaffen, bei der Zubereitung des Essens Nahrungsmittel von fünf Kontinenten zu verwenden. So schön dieser internationale Flair auch ist, das Nahrungs-Multi-Kulti lebt vor allem durch seine technische Machbarkeit. Erst Konservierung und Transport erschließen diese neuen Märkte. Ob unser Körper, unser Verdauungssystem auf diese Vielfalt eingerichtet ist, lässt sich allein angesichts der stetig wachsenden Zunahme von immunologisch nachweisbaren Nahrungsmittelallergien zumindest bezweifeln. Nicht umsonst ist die Lebensmittelsicherheit ein »knallharter Wirtschaftsfaktor« geworden, und seit BSE verlangen nun auch die Verbraucher hohe Qualität in der gesamten Lebensmittelkette vom Stall bis zur Ladentheke. Angesichts der falschen Lebensmittelauswahl jedoch (zu viel, zu süß, zu fett) ist die gesundheitliche Bedeutung von Rückständen aller Art in der Ernährung ein sehr viel kleinerer, wenn auch bedenklich wachsender Faktor geworden. Studien belegen, dass deutsche Haushalte nach dem Krieg 50 Prozent ihres Budgets für Lebensmittel aufwendeten, und das trotz (oder gerade wegen) mangelnder Abwechslung – heute sind es noch 13 Prozent. Gilt etwa auch hier inzwischen »Geiz ist geil«?

Patienten, die nicht abnehmen, essen nicht das, was ihr Körper braucht

Wie wir gesehen haben, lässt sich Ernährung also nicht standardisieren. Und so kann man sagen: Es gibt sie nicht, *die* Lebensmittel, die, weil sie nahrhaft sind, ausnahmslos auch für alle Menschen gleichermaßen gesund sein müssen. Wie Nahrung nicht gleich Nahrung ist, so gibt es auch Unterschiede zwischen »solitären Lebensmitteln« (z. B. Eier, Fisch, Fleisch) und »potenzierten Konzentraten« – womit vor- und weiterverarbeitete Lebensmittel wie beispielsweise Brot, Wurst oder Nudeln gemeint sind. Sie sind das Endprodukt diverser Herstellungsverfahren und machen heute etwa 90 Prozent der gängigen Ernährung aus. Durch die unwissentlich falsche Auswahl an Produkten und durch aufgrund von Werbeversprechen fehlgeleitete Informationen darüber, was dem Körper zuträglich ist, füllen wir unse-

Mit Metabolic Balance werden Sie gesund und schlank – mit ganz normalen Lebensmitteln.

Reichlich frisches Gemüse hilft dem Körper dabei, den Säurehaushalt zu regulieren.

re Einkaufswagen in erster Linie mit den vielfältigsten Kohlenhydraten. Die Folge: Wir meiden Fett, aber werden dick – weil wir viel zu wenig dessen aufnehmen, was unsere Drüsen wirklich brauchen!

Bausteine zum Leben

Der *Pschyrembel*, das klinische Wörterbuch der Medizin, definiert Ernährung als optimale Zufuhr von Nahrung, um die materiellen und funktionellen Bedürfnisse des Körpers zu stillen. Wir benötigen daher Nahrungsmittel, die aus den drei Grundbausteinen Eiweiße, Fette und Kohlenhydrate bestehen. Die Eiweiße liefern die Baustoffe für unseren Körper: Muskeln, Knochen, Haut, Zähne, Haare und alle Organe sind aus Eiweiß aufgebaut. Um diese Stoffe aufzubauen, liefern Fette und Kohlenhydrate die dazu erforderliche Energie. Die Fette liefern sie in Form von Energiedepots für langfristige Energien, wenn die Kohlenhydrate verbraucht sind. Wir benötigen ja auch einmal diese Reserven, wenn es im Winter eine Fastenzeit gibt, in der keine Kohlenhydrate zur Verfügung stehen: Dann wird die Aufgabe der Energieversorgung von den Fetten übernommen, während die Kohlenhydrate eine kurzfristige und schnell brauchbare Energie zur Verfügung stellen.

Metabolic Balance setzt auf vitalstoffreiche Nahrungsmittel, die auch noch gut schmecken.

Eiweiße

Eiweiße oder Proteine sind die Grundbausteine des Körpers. Das aus dem Griechischen stammende Wort »Proteos« bedeutet das Erste, das Wichtigste. Und tatsächlich geschehen Wachstums-, ja sogar Lern- und Reaktionsprozesse vorrangig durch die Veränderung von Eiweißstrukturen innerhalb unserer Zelle. Eiweiße sind der wichtigste Stoff zum Aufbau und Wachstum der Zellen; sie spielen im Muskelsystem, bei den Hormonen und bei der Bildung der Gallensäuren eine bedeutende Rolle. Wenn wir also beispielsweise Nägel oder Haare

Biologische Wertigkeit von Eiweißen (Proteinen)

Die biologische Wertigkeit eines Eiweißes wird durch den Anteil seiner essenziellen Aminosäuren bestimmt. Beim Eigelb sind alle acht essenziellen Aminosäuren in gleicher Menge vorhanden und können zu 100 Prozent vom Körper verwertet werden, ohne dass Aminosäurereste verbleiben. Die biologische Wertigkeit eines Eigelbs wird also mit 100 angesetzt. Milch enthält eine andere Zusammensetzung von Aminosäuren (Threonin z. B. nur zu 91 Prozent). Durch diese »limitierende Aminosäure« hat Milch nur eine biologische Wertigkeit von 91. Die biologischen Wertigkeiten von Sojabohnen und Weißbrot sind durch ihre limitierenden Aminosäuren Methionin und Lysin mit 76 und 44 bestimmt. Bei der Synthese menschlicher Proteine fallen also im Gegensatz zum Eigelb bei Milch, Sojabohnen und Weißbrot erhebliche Mengen von Aminosäureresten an, die teilweise beim Aufbau nicht essenzieller Aminosäuren Verwendung finden, zum größeren Teil aber als nicht verwertbare Säuren zu einer Übersäuerung des Stoffwechsels führen.

Wie bei einem Schreiner, der aus unterschiedlich langen Latten den Zaun nur so hoch machen kann, wie die kürzeste Latte lang ist, fallen bei uns (statt Lattenresten) unverwertbare Säurereste an, die entsorgt werden müssen.

schneiden, dann müssen wir wieder die Stoffe zuführen, die für deren Aufbau erforderlich sind.
Eiweiße nehmen wir über tierische und pflanzliche Produkte (zu letzteren gehören z. B. Sojaprodukte, Linsen, Shiitakepilze, Keimlinge und Sprossen) mit der Nahrung auf. Eiweiße sind aufgebaut aus 20 verschiedenen Aminosäuren. Das sind die allerkleinsten Bestandteile der Eiweiße. Darunter gibt es 8 Aminosäuren, die so genannten essenziellen Aminosäuren, die der Körper selbst nicht herstellen kann. Sie müssen von außen zugeführt werden. Über die Darmwand werden die Aminosäuren in die Blutbahn geschleust und in der Leber dann wieder zu körpereigenem Eiweiß aufgebaut.

Fette

Fette haben vielfältige Aufgaben. Wie bereits erwähnt, stehen sie für die Energieversorgung, mit ihrer Hilfe werden auch die fettlöslichen Vitamine A, E, D und K aufgenommen. Insbesondere sind Fette auch wichtig für den Aufbau von Zellmembranen – alle Zellmembranen sind aus Fett aufgebaut. Auch für uns sehr bedeutende Hormone werden im Fettgewebe hergestellt, wie beispielsweise Östrogene. Besonders wichtig ist, dass in den Fettzellen, die zu voll sind, auch sehr viele Entzündungshormone hergestellt werden wie die Interleukine und der Tumor-Nekrosefaktor-alpha. Das sind Entzündungsmediatoren, die in unserem Körper zu Entzündungen führen und sie auch unterhalten. Übergewichtige mit gefüllten Fettzellen produzieren also besonders viele dieser Entzündungsmediatoren. Wie bei den essenziellen Aminosäuren, gibt es auch bei den Fetten essenzielle Fettsäuren, die wir dem Körper von außen zuführen müssen. Hierbei handelt es sich vorwiegend um mehrfach ungesättigte Fettsäuren wie Omega-3-Fettsäuren und Omega 6-Fettsäuren. Die Omega-3-Fettsäuren entstehen aus der Alpha-Linolensäure und werden in lebenden Organismen (Fisch, Wild) zu der hochaktiven Eicosapentaensäure (EPA) und Docosahexaensäure (DPA) umgewandelt. Die Omega-6-Fettsäuren entstehen aus der Linolsäure und sind für unseren Körper nicht so bedeutend. Das Verhältnis zwischen Omega-3-Fettsäure zu Omega-6-Fettsäure sollte bei etwa 1:3 liegen. Insgesamt stehen uns gesättigte, einfach ungesättigte und mehrfach ungesättigte Fettsäuren zur Verfügung. Die gesättigten Fettsäuren werden in der Regel bei Raumtemperatur fest, sind also streichfähig, alle anderen sind flüssig, hier handelt es sich vorwiegend um Öle. Die gesättigten Fettsäuren tierischen Ursprungs, also Palmitinsäure, Buttersäure usw., werden in den ersten 14 Tagen bei Metabolic Balance gemieden.

Die Bedeutung der essenziellen Fettsäuren Linolen- und Linolsäure liegt im Aufbau der Zellmembranen. Hier sind sie für die Myelinscheiden von Gehirn- und Nervenzellen von besonders großer Bedeutung.

Kohlenhydrate

Die Kohlenhydrate sind eigentlich unser wichtigster Energielieferant, sie fungieren sozusagen als unser Super-Kraftstoff, weil sie sehr viel Energie liefern und zur Energiegewinnung nur halb so viel Sauerstoff verbrauchen wie die Fette und die Eiweiße. Leider kommen ausgerechnet die Kohlenhydrate, derer wir nicht essenziell bedürfen, in unserer aktuellen Kurzzeitküche im Übermaß vor. Sie sind es, die als Einfachzucker sofort in unserer Blutbahn landen. Von ihnen werden die gefürchteten Heißhungerattacken ausgelöst. Durchschnittlich fast 1 Kilogramm pro Woche und etwa 38 Kilogramm pro Jahr verbrauchen wir von diesen Einfachzuckern (Monosacchariden), der Pro-Kopf-Verbrauch hat sich in den letzten 100 Jahren versechzigfacht. Mit Colagetränken, Ketchup, Fruchtnektar und Ökogummibärchen bekommen wir dieses »süße Fett« in Form von Kohlenhydraten ab. Gerade die Gummibärchen zeichnen sich, wenn sie auch kein Fett enthalten,

Mit gesüßten Kindertees und süßen Limonaden bekommen bereits die Kleinsten ein Überangebot an einfachen Kohlenhydraten.

Kohlenhydrate-Einteilung

Polysaccharide wie Zellulose, Hemizellulose, Pektin, Quellstoffe u. Ä. werden vom Körper nicht aufgenommen, verbleiben im Darm und liefern also keine Energie.

Monosaccharide (1 Baustein)	Disaccharide (2 Bausteine)	Polysaccharide (lange Ketten)
Glukose (Honig)	**Saccharose** (Haushaltszucker)	**Amylose** (Stärke in Getreide und Kartoffeln)
Fruktose (Obst)	**Laktose** (Milch)	**Amylopektin** (Stärke in Reis und Hülsenfrüchten)
Galaktose (Milch)	**Maltose** (Mais/Bier)	

durch einen enormen Gehalt an Kohlenhydraten aus. So enthalten beispielsweise 200 g Gummibärchen 150 g Zucker!

Falsch gelernt und dann entfremdet – weder Instinkt noch echter Hunger

Nach 20 Jahren Forschung zum Thema »Ernährung« wissen wir heute: Es kommt nicht nur darauf an, *wie viel* wir essen, sondern auch darauf, *was* wir essen. Wir essen mehr als nötig vom Falschen: einen physiologisch unsinnigen Mix aus Vorratsfett, Süße und zu vielen verschiedenen Eiweißsorten. Die Folgen: massive Übersäuerung und Übergewicht. Ernährungswissenschaftler behaupten, dass unser Essverhalten inzwischen chronisch sei, da bereits seit Jahrzehnten erlernt. Auch wenn uns heute Sätze wie: »Wenn du brav bist, gibt es nachher was Süßes.«, »Iss schön auf, damit die Sonne scheint!« oder »Nachtisch gibt es erst, wenn dein Teller leer ist!« vielleicht antiquiert vorkommen – sie scheinen etwas Magisches zu haben, da sie sich schon seit vielen Jahrzehnten behaupten und selbst Eingang in die Erziehung unserer Kinder gefunden haben.

Die unsinnige Mischung aus falschen Lebensmitteln macht uns nicht einmal satt – aber krank, wie der Film *Supersize me* eindrucksvoll zeigt. Er schildert die Folgen einer dreiwöchigen Hamburgermast an einem vormals gesunden jungen Mann.

Struwwelpeter und Suppenkasper

Im fast 160 Jahre alten *Struwwelpeter* spielt das Essen als Erziehungsmittel zum Gehorsam eine entscheidende Rolle. Der uns allen bekannte Zappelphilipp, der sich am Esstisch der väterlichen Autorität widersetzt, macht mit seinem Sturz vom Stuhl auch der heimischen Tafel einen Strich durch die Rechnung. Die erzieherischen Grundfesten der Eltern stehen auf dem Spiel und geraten auch bildlich ins Wanken. Inzwischen steht der Begriff »Zappelphilipp« sogar als pädagogisch-psychologischer Fachbegriff für hyperaktive, scheinbar grundlos aggressive und nervöse Kinder. Im Rahmen der Ursachenforschung dieses sich ausbreitenden Phänomens wird inzwischen diskutiert, den täglichen Speiseplan solcher Kinder genauer unter die Lupe zu nehmen. Es gibt bereits erste Untersuchungen, die bestätigen, dass eine naturbelassene, gesunde Kost und der Verzicht auf Zuckerbomben, Fastfood und Geschmacksverstärker, kombiniert mit Anreizen zum Spielen und der Bewegung an der frischen Luft, aus hyperaktiven Kindern ganz »normale« kleine Zeitgenossen machen.

Moderner Kaspar

Magersucht ist ein weiteres Problem falschen Ernährungsbewusstseins. Fehlende Aufmerksamkeit und mangelndes Geborgenheitsgefühl innerhalb der Familie führen viele junge Menschen in den Teufelskreis von Nahrungsverweigerung und regelrechten Fressattacken.

Im Märchen des Suppenkaspars sehen wir zunächst den Prototypen des Musterknaben, getreu dem Motto vieler Eltern heute: Nur ein wohlgenährtes Kind ist ein gesundes Kind! Sein Aussehen ist das Resultat seines Gehorsams beim Essen. Der moderne Kaspar hört eher auf die Werbemaschinerie, der er ständig ausgesetzt ist und die ihn regelrecht mit verführerischen Slogans zu Süßigkeiten, Snacks und Riegeln, die »in« sind, impft. Auch er ist nämlich kugelrund und wird noch immer runder – kein Pummelchen, sondern fettleibig (adipös), wie der Bundesverband der Ärzte für Kinder- und Jugendpsychiatrie feststellte. Rund ein Viertel der Kinder und Jugendlichen in Deutschland ist viel zu dick. Und, wie eine Langzeitstudie zeigt, sie bleiben es auch bis ins Erwachsenenalter. Im Alter zwischen fünf und sechs sind 13,4 Prozent übergewichtig und 6,7 Prozent fettleibig, zwischen dem neunten und zehnten Lebensjahr sind 17,6 Prozent übergewichtig und 6,3 Prozent adipös. Mit 16 Jahren sind 16,8 Prozent übergewichtig und adipös immerhin 7,9 Prozent. In den USA wird deutlich, wohin dies führt: Unter den Jugendlichen hat sich das Auftreten von Diabetes Typ 2 (früher eine Alterserkrankung) inzwischen verneunfacht, jedes zweite Kind weist Herzinfarkt-Risikofaktoren auf, hervorgerufen durch Fehlernährung und körperliche Inaktivität.

Die Katastrophe im Anmarsch

In den letzten 20 Jahren hat Übergewicht im Kindesalter katastrophale Ausmaße angenommen. Nun ist es auch ins politische Denken vorgedrungen. Ernährungskampagnen, Anti-Fett-Programme, Prävention während oder besser vor der Schulzeit werden propagiert. Abhilfe sollen langfristige Abspeckprogramme schaffen, etwa in eigens darauf ausgerichteten Kliniken. Frühzeitige Vorsorge scheint dringend geboten, um den Ursachen kindlicher Fettleibigkeit rechtzeitig entgegenzutreten. Dabei spielen familieninterne Faktoren, d. h. die Vorbildwirkung der Eltern als Erziehungsberechtigte, die entscheidende Rolle. Die Eltern sind aufgerufen, sich wieder erziehend um das leibliche Wohl ihrer Kinder zu kümmern. Das Vorbild der Eltern, d. h. ihr eigenes Essverhalten, ihr Umgang mit Fast- und Junkfood, ihr (Nicht)-Bewegungsnaturell, prägt die Kinder sowohl im positiven als auch im negativen Sinn. Was Hänschen dort richtig lernt, beherzigt Hans auch im späteren Leben. Den verantwortungsvollen Umgang mit Lebensmitteln, gemeinsam eingenommene Mahlzeiten, den gesundheitlichen Nutzen einer vitalstoffreichen Ernährung – all das erlernen Kinder in erster Linie zu Hause. Praktisch umgesetzt werden die im Unterricht vermittelten Ernährungskenntnisse am heimischen Küchen- und Esstisch. Nur auf diese Weise lässt sich einer Entfremdung vom eigenen Körper und dem Verlust eines normalen Hungergefühls entgegenwirken.

Was Hänschen zu Hause bei seinen Eltern richtig lernt, beherzigt auch Hans im späteren Leben.

Naturbelassene Kost für zappelige Kinder

Der *Struwwelpeter* kann auch als Karikatur unseres heutigen, fast bis zur Perversion getriebenen Essverhaltens gesehen werden, wie am weiteren Verlauf der Suppenkaspar-Geschichte deutlich wird. Der weigert sich plötzlich – scheinbar ohne Grund –, seine Suppe zu essen. Fast wünschte man den dicken und kranken Kindern unserer Zeit, der aktuellen Fett- und Zuckerkost auf gleiche Weise Einhalt zu gebieten. Vielleicht hat sich auch der Suppenkaspar nur eine *andere* Kost gewünscht – zumal er seiner Verweigerung dieser Suppe ja recht vehement durch die dreimalige Wiederholung Ausdruck verleiht. Doch das Schmunzeln vergeht uns recht schnell, nimmt doch das Märchen mit dem tödlichen Schicksal des spindeldürren Kaspars am Ende die Entwicklung unserer essgestörten, magersüchtigen Jugendlichen auf gespenstische Weise vorweg. »Iss deinen Teller leer, damit es dir nicht wie dem Kaspar geht!«, so die Moral von der Geschicht'. Doch dann müssen wir uns auch fragen, was wir unseren Kindern heute auf eben diesen Teller legen.

Metabolic Balance – die neue Askese?

Die Verbesserung aller Sinne, besonders des Geruchs- und Geschmackssinns, macht uns wieder zu Genießern!

Nach all dem zuvor Gesagten gibt es weder eine medizinische noch eine ernährungswissenschaftliche Begründung, sich nicht nach der Methode von Metabolic Balance zu ernähren. Am meisten profitieren davon Übergewichtige und Menschen mit bereits erhöhten Blutzucker- und Blutfettwerten. Darüber hinaus gibt es jedoch auch eine Reihe von körperlichen Funktionsstörungen und Beschwerden, bei denen Metabolic Balance als Mittel der Wahl erscheint. Durch den individuell auf Sie zugeschnittenen Ernährungsplan erfahren Sie nicht nur, was Ihr Körper braucht; Sie lernen darüber hinaus auch, auf das zu verzichten, was Ihnen nicht gut tut. Wie von selbst stellt sich Ihr natürliches Hunger- und Durstgefühl wieder ein, und Sie lernen, beides wieder auf eine Ihrem Körper zuträgliche Weise zu stillen. Dabei nehmen Sie gesund und physiologisch sinnvoll ab, erreichen Ihr persönliches Wohlfühlgewicht, gewinnen spürbar neue Energie für den Alltag und schulen Ihre Sinne für den ursprünglichen Geschmack von Nahrungsmitteln. Neue Lebenslust stellt sich ein.

Vitamine, Mineralstoffe, sekundäre Pflanzenstoffe und Ballaststoffe sorgen für dauerhaftes Wohlbefinden.

Frische Produkte der Saison sind auf lange Sicht meist kostengünstiger als abgepackte, bereits zubereitete Ware.

Wenn Ihr Einkaufskorb nur damit gefüllt ist, was wirklich zu Ihnen passt, macht auch das Kochen wieder mehr Spaß. Die leichte, regionale Küche bringt unverfälschten Luxus an den heimischen Herd und macht Sie zu einem Genießer, der dem Einheitsgeschmack von Fastfood & Co gerne entsagt. Mit dieser Art von Askese, von Enthaltsamkeit, können Sie nur gewinnen: Sie beugen dem Übergewicht mit seinen Folgeerkrankungen rechtzeitig vor und können das zu Ihnen passende Gewicht auch mühelos halten. Kinder bekommen die Nährstoffe, die für alle Phasen ihres Wachstums so unerlässlich sind. Da viele Freizeitaktivitäten unserer Kinder gleichsam als Imitation der Erwachsenen im Sitzen stattfinden, benötigt unser Nachwuchs nicht die Massen an Kohlenhydraten, die im Allgemeinen Bestandteil unserer modernen Alltagsernährung sind. Für Kinder bedeutet Metabolic Balance daher eher eine traditionelle, wieder mit der Familie eingenommene, einfache und gesunde Kost.

Fallbeispiel: Süßes als Belohnung

Renate, Kindergärtnerin, 40 Jahre, kommt zu einem unserer Metabolic-Balance-Vorträge in die Praxis. Sie bringt bei 1,68 Meter Größe 113 Kilogramm auf die Waage, schwitzt fast pausenlos und wirkt kurzatmig. In ihrem recht monströsen Körper steckt ein quicklebendiges, humorvolles Wesen, dessen Charme wie eingemauert wirkt. Sie beteiligt sich an der dem Vortrag folgenden Diskussions- und Fragerunde: »Zuhause habe ich viele Diät-Bücher stehen – aber ehrlich gesagt, was ich so tagtäglich essen sollte, das weiß ich immer noch nicht. Ich kann doch nicht dauernd nur hungern. Im Alltag muss es bei mir oft schnell gehen. Deswegen esse ich jetzt schon Light-Produkte und abends koche ich oft Nudeln oder taue mir eine Pizza auf«, sagt sie. Sie müsse sich auch einmal wieder untersuchen lassen, so richtig gut gehe es ihr in letzter Zeit nicht, und von den Süßigkeiten, da wolle sie gar nicht erst anfangen …

Erholsamerer und tieferer Schlaf, mehr Energie im Alltag, kein Heißhunger mehr auf Süßes – wer würde dies nicht gern erleben?

Alltagstauglicher Ernährungsplan

Die Aussicht auf ihren individuellen Ernährungsplan in Verbindung mit einem aufschlussreichen Blutbild motivieren Renate zu diesem allerletzten Abnehmversuch. Keine Minute zu früh, denn ihr Blutbild weist bereits auf Diabetes Typ 2 hin, und der Blutdruck ist besorgniserregend hoch. Mit großem Elan beginnt sie mit ihrem Plan und nimmt in der ersten Woche schon deutlich ab. Es geht ihr schlagartig besser, und akribisch organisiert sie sich ihre Mahlzeiten, als sie für zwei Tage auf eine Dienstreise geht. Die weiteren Erfolge stellen sich ein, sie schläft besser, das lästige Schwitzen ist völlig weg, und ihre Energie kehrt zurück. Nach etwa 14 Tagen, in denen sich auch ihre Blutzucker- und Blutdruckwerte wieder normalisieren, fällt ihr in einem Gespräch mit mir auf, dass ihr vormals unbändiger Hunger auf Süßes fast verschwunden ist. Sie spüre gar kein körperliches Verlangen nach Süßem mehr – nur seelisch sei da jetzt so ein Loch. Nun erkenne sie, dass sie sich nach der Arbeit oft mit Süßem belohnt habe. Sie lacht und sagt: »Wie meine Mutter – die gab mir früher immer Süßes, wenn ich besonders brav gewesen bin.«

Selbsterkenntnis ist der erste Schritt zur Besserung

Durch ihre Erfahrungen mit Metabolic Balance lernt Renate viel über ihr Essverhalten. So sagt sie, dass sie oft zum Trost gegessen habe, wenn sie z. B. Ärger mit Kollegen hatte. Sie aß dann am Abend so viel, dass sie sich immer voll und müde gefühlt habe: »Irgendwie komisch: Süßigkeiten gab es bei mir daheim auch öfter, wenn ich allein zu Hause bleiben musste und brav sein sollte!« Auf meine Frage, wie es denn jetzt sei, da sie sich doch so genau an ihre Essenskur halte, sagt sie: »Nach diesem Erfolg? Undenkbar! Da müsste ich ja schön blöd sein, wenn ich mir den jetzt wieder mit sinnloser Schleckerei ruinieren würde!« Außerdem habe sie nun gelernt, sich auf andere Art und Weise Gutes zu tun. Dass ihr z. B. Tanzen so viel Spaß mache, habe sie vorher nicht gewusst. Renate hat in knapp vier Monaten 28 Kilogramm abgenommen. Als ich ihr in der gelockerten Phase erstmals Sahne, Kuchen, Eis und auch Schokolade erlaubte, hatte sie zunächst fast Angst, sich dem Genuss auszusetzen. Doch nun, in der Erhaltungsphase, erkennt sie, dass sie ihr Gewicht halten kann. Sie hat gelernt, ihre Mahlzeiten richtig zu portionieren, und wenn es »Schummelmahlzeiten« gibt, bei denen auch das Süße Platz hat, kann sie es genießen: »Ich mache jetzt im Prinzip einfach weiter mit meinem Plan, denn da ist ja alles Passende für mich drin. Es fehlt mir nichts, im Gegenteil: Mir schmecken jetzt auch viele neue Sachen. Das Essen ist ein richtiges Abenteuer geworden. Und ich merke jetzt, wann ich wirklich Hunger habe.«

Schlanke essen so lange, bis sie satt sind – Übergewichtige, bis nichts mehr da ist.

Falsche Ernährung macht nicht nur dick, sondern oft auch krank. Der Körper gewöhnt sich an das üppige Essensangebot.

Sind Dicke nur gemütlich?

Viele Krankheiten haben ihre Wurzeln im Übergewicht

Fülle kontra Mangel

In den westlichen Industrieländern ist Hunger längst nicht mehr der Auslöser für die Erschließung neuer Lebensmittelressourcen; es ist vielmehr die Fülle, der Überfluss, den es zu verwalten gilt. Wenn Trendforscher und Lebensmitteldesigner »Functional Food« entwerfen, haben wertvolle und gesunde Nahrungsmittel ausgedient. Bloßes Sattsein reicht nicht aus, es geht um das Fit-, Attraktiv- und Effizientsein, kurz: um das Jungsein. Mittlerweile erobern Lebensmittel den Supermarkt, die durch ihre Zusätze die Gesundheit gleich mitliefern wollen. Vor allem Baby- und Kindernahrung schwimmt gerade auf der probiotischen Welle: Kein Brei, kein Gläschen, das nicht mit lebenden Milchsäure- oder Bifidobakterien angereichert wurde. Dahinter steckt die Idee, diese für eine intakte Darmflora wichtigen Keime per Erstnahrung zu »installieren«, sozusagen vorbeugend gegen mögliche Allergien. Bis 2010 soll solches »Zweck-Futter« ein Viertel aller Lebensmittel ausmachen. In Studien wird der Marktanteil von Produkten, die mit diesen künstlichen »gesundheitsfördernden« Substanzen angereichert sind, bis 2050 auf 50 Prozent geschätzt.

»Zurück zur Natur« sollte das Motto lauten, nach dem wir unsere Einkaufsliste für die täglichen Nahrungsmittel zusammenstellen.

Moderne Lebensmittel

Probiotika stehen jedoch erst am Anfang einer immer fataleren Entwicklung. Ihren gegenspielerischen Namensvettern (Antibiotika) quasi epidemisch folgend, erobern sie inzwischen von der Salami, dem Brot und dem Sauerkraut bis hin zu Chips und Gummibärchen vor allem solche Lebensmittel, von denen die Verbraucher wissen oder (inzwischen hoffentlich) ahnen, dass sie nicht sonderlich gesund sind. Fett- und zuckerhaltige Knabbereien erhalten so ein vermeintlich gesundes Image (»pro bios« = für das Leben).

Mittags etwas Futuristisches

Wir Menschen gehören zu den wenigen Lebewesen, die »Sozialesser« sind und Nahrung nicht nur zum Lebenserhalt benötigen. Im Gegensatz zu vielen Tieren, die auf ganz bestimmte Nahrungsmittel »abonniert« sind, (fr)essen wir so ziemlich alles, verwerten aber nichts davon optimal. Wir essen aus Gewohnheit und aus Lust, und bereiten unsere Mahlzeiten heute noch so zu, wie wir es vor Urzeiten gelernt haben. Tradition, Erfahrung und immer bessere hygienische Bedingungen, aber auch genetische und entwicklungsbiologische Aspekte haben unseren Verdauungstrakt und dessen Immunsystem mit einem sensiblen und individuellen Aufnahmeprofil versehen. Die Fähigkeit, Nahrungsmittel zu verwerten, unterscheidet sich von Mensch zu Mensch wie eine Darmflora von der anderen. Für die einen liefern Fette eine gute Basis, für andere sind Proteine das richtige. Unser genetisch über Generationen hinweg programmierter Verdauungstrakt weist ein Arsenal an Enzymen auf, die gewissermaßen auf wenige Grundsubstanzen codiert sind. Auf schnelllebiges, womöglich schon morgen überholtes »Funktionsessen«, das sich an Innovations- und Markt-, aber keinesfalls an individuellen Verdauungsregeln orientiert, ist unser Verdauungssystem nicht eingestellt.

Immer buntere Verpackungen verführen die Verbraucher. Vor allem Kinder lassen sich durch auffallende Zeichnungen und bunte Bilder leiten.

Bedenkliche Zusätze

Nahrung, mit der der Körper noch keine Erfahrung hat, muss von ihm auf Verträglichkeit getestet werden. Was dabei verworfen wird, macht krank. Und so warnen Ernährungswissenschaftler eindringlich vor Lebensmitteln, die unkontrolliert mit den verschiedensten Zusätzen auf den Markt kommen. Denn über deren Wirkung, vor allem aber über mögliche Wechselwirkungen oder Gegenanzeigen ist derzeit so gut wie nichts bekannt. Einem Körper, der allergisch reagiert, hilft es wenig, wenn Herz- und Nervenschutz für die neue Rotwein-Schoko-

Praline reklamiert werden. Obendrein lässt sich der Genuss eines guten Glases Rotwein zusammen mit einem wunderbaren Stück Schokolade nicht synthetisieren – und sei es in noch so raffinierter Verpackung. Der Körper nimmt die angereicherten Nahrungsmittel nicht jahrelang einfach so hin: Immunologische Unverträglichkeiten, entzündliche Abwehrprozesse gegen Nahrungsbestandteile und entsprechende Mangelerkrankungen folgen.

Früher und heute

Vor 20 Jahren war der Fettgehalt der Nahrung tendenziell höher, die Anzahl der fülligen Übergewichtigen hat sich seit dieser Zeit aber verdreifacht – Fett kann also nicht allein der Bösewicht sein. Vor 100 Jahren gab es so gut wie keine fettleibigen Menschen, und vererbt wird Adipositas nur zu etwa 5 Prozent. In der heutigen Ernährung sind Ballaststoffe aus Obst und Gemüse nach wie vor Mangelware, weshalb Vitaminmangel und Immundefizite entstehen. Mikronährstoffe und Mineralstoffe wie Folsäure, Vitamin C, Kalium, Kalzium, Magnesium, Zink und Eisen kommen deutlich zu kurz, u. a. deshalb, weil ihre Bioverwertbarkeit durch die beispielsweise in Zerealien vorkommende Phytinsäure eingeschränkt wird.

Mastbetriebe verfüttern fettarmes Getreide an die Tiere; es sind genau die Kohlenhydrate, die auch zu unserer Mast beitragen.

Bewegungsmangel und die Folgen

Den meisten Menschen fehlt Bewegung, körperliche Aktivität, und damit auch der entsprechende Kalorienverbrauch. Der Durchschnittsbürger läuft heute etwa 600 Meter am Tag vom Auto an den PC. Unsere Steinzeitvorfahren waren rund 25 Kilometer täglich unterwegs. Dabei handelte es sich allerdings nicht um einen Spaziergang – sondern die Fortbewegung hatte immer mit der Nahrungsbeschaffung zu tun. Entweder rannten sie sehr schnell etwas Essbarem hinterher oder sie mussten vor einem Angreifer davonlaufen, der sie gerne verspeist hätte! Erst in den letzten ca. 10 000 Jahren wurde der Mensch sesshaft im heutigen Irak, dem damaligen Zweistromland zwischen Euphrat und Tigris, und der Mensch begann Reis, Kartoffeln und Getreide anzubauen, also Nahrungsmittel, die er gut über den Winter lagern konnte. So gab es weniger Fastenzeiten. Am Anfang war der Ackerbau natürlich noch mit körperlicher Arbeit verbunden. Damals gab es noch keinen Traktor mit zehn Pflugscharen, mit deren Hilfe der Bauer mal schnell zwischen Mittagessen und Kaffeetrinken mehrere Morgen Land bestellen konnte. Nein, damals gab es nur einen ganz einfachen Pflug, und die Menschen mussten immer noch sehr viele Kalorien verbrauchen, um Essen zu produzieren. Heutzutage sind wird nicht mehr auf solche Lagerhaltung angewiesen, die Nahrungsmittel sind zu jeder Jahreszeit erhältlich.

Evolution und »Devolution«: Der Mensch entwickelt sich vom aufrecht gehenden Lebewesen allmählich zurück zum gebeugt kauernden.

Metabolisches Syndrom

Übergewicht und Bewegungsmangel haben einen neuen Komplex von gleichzeitig auftretenden Symptomen entstehen lassen: das so genannte Metabolische Syndrom.

Seit 50 bis 100 Jahren verbraucht der Mensch kaum noch Kalorien durch Muskelarbeit, und in den Industriestaaten ist seine Nahrung im Überfluss vorhanden. Dabei bestehen z. B. die »Sättigungsbeilagen« zu gut 30 Prozent aus Getreide. Alles in allem setzt unsere von Experten empfohlene Ernährung – vor allem bei Übergewicht – auf eine fettarme und kohlenhydratreiche, d. h. zu 60 Prozent aus Kohlenhydraten bestehende Kost. Diese Empfehlungen fördern auf fatale Weise, was sie verhindern sollten. Die Zahl der Übergewichtigen steigt unaufhaltsam an, auch und gerade dort, wo sich der Anteil an Fettkalorien zugunsten von Kohlenhydraten verschoben hat. Das Metabolische Syndrom ist gekennzeichnet durch vier Krankheiten: Übergewicht, hoher Blutdruck, erhöhte Blutfettwerte und Zuckerkrankheit.

Diagnosekriterien des Metabolischen Syndroms

	Männer	**Frauen**
Taillenumfang	94 cm*	80 cm*
Blutfettwerte	≥ 150 mg/dl (1,69 mmol/l)	
HDL-Cholesterin	< 40 mg/dl (1,04 mmol/l)	< 50 mg/dl) (1,29 mmol/l)
Blutdruck	≥ 130/85 mmHg	
Blutzuckerwerte	≥ 110 mg/dl (6,1 mmol/l)	

* nach IDF, International Diabetes Federation

Mindestens 3 Kriterien müssen für die Diagnose »Metabolisches Syndrom« erfüllt sein

Je mehr Zucker im Blut ist, desto mehr Insulin wird ausgeschüttet und desto schneller kommt es zu Stoffwechselstörungen.

Erst dick, dann krank

In der Folge von Übergewicht entwickeln sich eine Reihe schwerer Erkrankungen, an deren erster Stelle die gefürchtete »Zuckerkrankheit« (Diabetes mellitus Typ 2) steht. Bis vor wenigen Jahren erkrankten daran überwiegend Menschen, die älter als 50 waren. Inzwischen entwickeln auch Kinder zunehmend diesen »Alters-Diabetes«. Die Anzahl von Schulkindern, die bereits einen Altersdiabetes haben, hat sich in den letzten 10 Jahren verdreifacht. Gab es nach dem Krieg fast nur Diabetiker vom Typ 1, der durch Insulinmangel (genetisch oder durch eine Bauchspeicheldrüsenstörung bedingt) gekennzeichneten Form, so gibt es heute vorwiegend Typ-2-Diabetiker, hervorgerufen durch Übergewicht und der daraus resultierenden fehlenden Empfindlichkeit gegenüber Insulin. Ein Teufelskreis, der allmählich außer Kontrolle gerät: In Deutschland gibt es über 6 Millionen Diabetiker, d. h., es sind 8 Prozent der Bevölkerung betroffen. 5,7 Millionen, also 95 Prozent davon, sind Übergewichts-Typ-2-Diabetiker. Tendenz steigend!

Körperzellen haben Türen

Jede unserer Körperzellen ist gewissermaßen ein Raum mit einer wasserunlöslichen Doppelwand (Doppel-Lipidschicht). Sie ist mit verschiedenen Türen (Rezeptoren) ausgestattet. Durch diese nehmen die Zellen die Nahrungsbausteine auf. Offen stehen die Türen nur, wenn in der Körperzelle Nahrungsbedarf herrscht. Sie bleiben überflüssigen Nahrungspartikeln gegenüber verschlossen, wenn der Zellbedarf bereits gedeckt ist. Wie unerwünschte Gäste kreisen unverbrauchter Zucker, Eiweiße und Fette im Körper umher und werden Wegelagerer in unseren Blutgefäßen. Die »Lagerplätze« engen die Blutbahnen ein und verstopfen sie: Arteriosklerose, Blutgerinnsel, Nieren- und Gallensteine sowie Gicht sind die Folge.

Heißhunger und Unterzucker entstehen durch zu viel Insulin im Blut, nicht dadurch, dass wir zu wenig essen.

Die Vielzahl neu eingeführter, fettreduzierter, aber vor allem kohlenhydratlastiger Lebensmittel seit den 1980er Jahren zeigt bereits direkte Folgen: ein explosionsartiges Ansteigen des behandlungsbedürftigen BMI (> 25) vieler US-Bürger.

Leiden Sie an Übergewicht?

Es gibt verschiedene Messgrößen, anhand derer sich feststellen lässt, wer im medizinischen Sinne von einer behandlungsbedürftigen Fettleibigkeit (Adipositas) betroffen ist. In der Praxis hat der Bodymass-Index (BMI) den früher üblichen **Broca-Index** abgelöst. Dieser berechnete das Normalgewicht, indem von der Körpergröße (in cm) die Zahl 100 abgezogen wurde. Das Idealgewicht bei Männern ergab sich abzüglich 10 Prozent, jenes bei Frauen durch den Abzug von 15 Prozent. Diese Berechnung ergab bei den meisten Menschen jedoch zu niedrige Werte. Deshalb wurde ein neuer Wert entwickelt, der als verlässliches Maß für Übergewicht anerkannt ist: der **BMI**.

Bodymass-Index (BMI)

Er wird als Körpermassenzahl bezeichnet und berechnet sich aus dem Körpergewicht geteilt durch das Quadrat der Körpergröße. Er ist altersabhängig:

Alter	19–24	< 34	< 44	< 54	< 64	> 64
BMI	19–24	20–25	21–26	22–27	23–28	24–29

Als behandlungsbedürftig wird von der Weltgesundheitsorganisation WHO ein Wert über 25 angesehen, was derzeit zwei Drittel aller Menschen in Deutschland betrifft. Ab einem BMI von 25 erhöht sich das Krankheitsrisiko, ja es verdoppelt sich – ab einem BMI größer als 35 auch im Hinblick auf die Todeswahrscheinlichkeit.

Taillenumfang

Eine weitere, sehr einfach durchzuführende Möglichkeit ist die Bestimmung des Taillenumfangs und das Verhältnis von Taillen- zu Hüftumfang. Der Taillenumfang sollte bei Männern nicht über 94 Zentimeter und bei Frauen nicht über 80 Zentimeter liegen. Bei der Berechnung des **Taillen-Hüftverhältnisses (WHR** = waste to hip ratio) kann man sehr gut sehen, ob bei der Fettverteilung ein androider Typ (WHR > 0,88) oder gynoider Typ (WHR < 0,88) vorliegt. Das Fett ist beim männlichen »Apfeltyp« im Bauchbereich verteilt, ist weicher und leichter abbaubar, das Risiko für Gefäßprobleme ist hier allerdings weitaus höher. Der weibliche »Birnentyp« hat sein Fett mehr auf den Hüften und Oberschenkeln, wo es fester und schwerer mobilisierbar ist und weniger als Risikofaktor gilt. Die männliche Fettverteilung findet man häufiger beim Nomadentyp, dessen Stoffwechsel weniger an die Kohlenhydratverdauung adaptiert ist, im Gegensatz zum sogenannten Ackerbauertyp, der in seiner Ernährung mehr Kohlenhydrate verträgt.

Ist der Taillenumfang größer als 94 Zentimeter, erhöht sich das Diabetesrisiko um das Zwölffache!

Bioelektrische Impedanzmessung (BIA)

Mit Hilfe der bioelektrischen Impedanzmessung (BIA) erhält man sehr gut Werte für die 3 Hauptbestandteile des Körpers: Fett, fettfreie Masse und Wasser. Handelsübliche Fettwaagen bestimmen über die Messung des elektrischen Widerstands zwischen 2 Polen (z. B. zwischen beiden Fußsohlen) den Wasseranteil der Körperanteile, die im Messstrom liegen, und berechnen daraus den Fettanteil. Bei der BIA-Messung wird ebenfalls der Widerstand gemessen, hier aber mit 4 Elektroden, 2 an den Hand- und 2 an den Fußgelenken. Gleichzeitig wird eine niedrige Wechselspannung angelegt, die in den 3 Hauptbestandteilen unterschiedlich fließt. Durch Messung von Impedanz und Phasenverschiebung ergeben sich, einfach durchführbar, sehr gut reproduzierbare Werte für Fett, fettfreie Masse und Wasser, die auch zu wissenschaftlichen Zwecken herangezogen werden können.

Schlüsselhormon Insulin

Der Türöffner in unserem Stoffwechsel ist das Schlüsselhormon Insulin. Es reguliert die Aufnahme von Kohlenhydraten, Fetten und Eiweißen in die Zellen, die vorher aus dem Darm aufgenommen worden sind. Die meisten Menschen wissen, dass der Blutzuckerspiegel ohne Insulin in lebensbedrohende Höhen steigen kann. Im gesunden Organismus schüttet die Bauchspeicheldrüse (Pankreas) Insulin aus, sobald nach dem Essen Zucker im Blut kreist. Insulin schließt dem Zucker und den anderen Nahrungsbausteinen die Zelltüren auf. Ohne Insulin würden die Zellen trotz Überangebot vor der Tür verhungern, die Nährsubstanzen kämen nämlich nicht hinein. Sind die Zellen satt und ihre Türen verschlossen, baut Insulin den Nährstoffüberhang in sichere Fettdepots um und legt dafür ein Zwischenlager in Leber und Muskeln an. Ist der Zuckerspiegel im Blut zu hoch, hat der Körper mehrere Möglichkeiten darauf zu reagieren:

Wer kennt sie nicht, die Heißhungerattacken und zügellosen Festgelage, die uns im Nachhinein recht unangenehm sind und unseren Körper belasten.

Erstens kann er den überschüssigen Zucker in Depotzucker (Glykogen) umwandeln, wofür er aber lediglich 300 g bis 400 g Speicherkapazität hat. Zweitens – die einfachere Möglichkeit – der Körper scheidet in dem Moment, in dem die Nierenschwelle im Blut überschritten wird (180mg7/100ml), den überflüssigen Zucker über die Nieren aus. Die dritte Möglichkeit ist die, dass der überflüssige Zucker durch unseren Stoffwechsel in Triglyzeride, in Blutfette, umgewandelt wird. Auch wird mehr Cholesterin gebildet, wenn der Zucker über längere Zeit und somit auch der Insulinspiegel im Blut zu hoch sind. Die vierte Möglichkeit, die der Körper hat, mit dem Zucker fertig zu werden, ist die, dass er einfach mehr Insulin produziert und mit aller Gewalt versucht, den Zucker aus dem Blutgefäßsystem doch noch durch eine drei- bis vierfach erhöhte Insulinproduktion in die Zellen hineinzubringen.

Kinder werden teilweise überfüttert

Vor allem Deutschlands fettleibige Kinder mit »Alters-Diabetes« sind inzwischen zu einem Problem geworden. Ihr Essverhalten gilt es vorrangig zu beeinflussen, um aus übergewichtigen Kindern nicht die adipösen Erwachsenen der Zukunft zu generieren. Unser Körper verfügt über etwa sechs Milliarden Fettzellen. Werden bereits Säuglinge und Kleinkinder bis zu etwa vier Jahren überernährt, erhöht sich die Anzahl der Fettzellen. Die Mediziner sprechen von Fettzellenhyperplasie (Zunahme der Anzahl der Fettzellen). Wird aus einem solchen dicken Kind ein fettleibiger Erwachsener, der abnehmen will, so tut er sich sehr schwer, weil er mehr Fettzellen hat als ein ehemals normal gewichtiges Kind. Durch das Abnehmen verkleinern sich die Fettzellen zwar, ihre Anzahl, d. h. ihre Gesamtmenge bleibt aber gleich.

Dicke haben das normale Sättigungsgefühl verloren, sie sind nie richtig satt, aber auch nie richtig hungrig!

Fettzellen

Ein Schlanker mit vorübergehendem Übergewicht tut sich deshalb mit dem Abnehmen von vornherein leichter; seine Fettzellen hypertrophieren, d. h., sie sind im Augenblick überernährt, nehmen aber – wie aufgebläht – nur an Volumen zu. Es sind jedoch nach wie vor weniger Zellen als beim Übergewichtigen, denn die Zellenanzahl bleibt gleich. Ab einer bestimmten Größe und Füllung signalisiert die Fettzelle gewissermaßen: »Jetzt bin ich voll!« und produziert dann selbst das Sättigungshormon Leptin. Dieses ruft als natürlicher Appetitzügler ein Sättigungsgefühl hervor und wird umso früher ausgeschieden, je schneller die wenigen Fettzellen beim Normalgewichtigen gefüllt sind. Der berühmt-berüchtigte Satz vieler Übergewichtiger: »Es muss an den Drüsen liegen ...« macht medizinisch also durchaus Sinn, denn gemeint ist tatsächlich, dass körpereigene chemische Signalstoffe von den dafür zuständigen Körperdrüsen nicht richtig funktionierend ausgesendet werden.

Der menschliche Körper benötigt Fette für vielerlei Aufgaben. Sie sind Bestandteil von Zellmembranen und Hormonen und Träger der fettlöslichen Vitamine.

Leptin, das »Übergewichtshormon«

Leptin, das Hormon, mit dem man glaubte, Übergewicht behandeln zu können, wurde Mitte der 90er Jahre an Mäusen entdeckt, die zu wenig Leptin produzierten, dadurch immer hungrig waren und sich fett und voll fraßen. Leptin ist ein Hormon, das normalerweise nur dann in den Fettzellen produziert und ans Blut abgegeben wird, wenn die Fettzellen wachsen und immer größer werden, also dem Körper das Signal geben wollen »du bist jetzt satt, du brauchst jetzt nichts essen«. Leptin löst über den Hypothalamus einen Mechanismus aus, dass wir keinen Hunger mehr haben. Zunächst war man damals froh, endlich etwas gefunden zu haben, mit dem man Fettsüchtige behandeln konnte. Das Pech war aber, dass herausgefunden wurde, dass Übergewichtige, darunter gerade auch die Kinder, zwar eine immense Menge an Leptin produzierten, der Körper aber, genauso wie er auf Insulin resistent geworden ist, auch auf Leptin eine Resistenz entwickelt hat und sich demnach kein Sättigungsgefühl mehr einstellte.

Ein weiteres Hormon, das kurz nach dem Leptin entdeckt wurde und auch den Hunger reguliert, ist Ghrelin. Es wird vorwiegend in der Magenschleimhaut produziert, besonders dann, wenn der Magen leer ist und die Magenwände schlapp sind. Dann produziert der Magen Ghrelin, ein Hormon, das hungrig macht. Wenn also Metabolic-Balance-Teilnehmer nach fünf Stunden ein Hungergefühl bekommen, können sie ein großes Glas Wasser trinken, dadurch wird die Ghrelinausschüttung für einen kurzen Moment unterbunden, weil die Magenwände gedehnt werden, die Hormonproduktion lässt kurzzeitig nach. Die Klienten haben dann für bis zu einer Stunde weniger Hunger.

Ver- und Entsorgung – sensible Balance im Körper

Unter dem Begriff »Metabolismus« wird medizinisch unser gesamtes Stoffwechselgeschehen verstanden. Also alles, was mit dem richtigen Funktionieren unseres Körpers zusammenhängt: Nahrungsaufnahme und Nahrungsverarbeitung. Es geht nicht nur darum, dem Körper oben etwas Essbares zuzuführen, das dann verdaut wird und unten als nicht verwertbarer Rest wieder ausgeschieden wird. Unter Stoffwechselgeschehen versteht man ebenso das richtige Funktionieren von Herz, Kreislauf, der Atmung, der Verdauung, der Drüsentätigkeit und vieles mehr. Man kann sich das vereinfacht so vorstellen: Alle Nahrungsmittel müssen durch unser Verdauungssystem in ihre allerkleinsten Bausteine – also die Kohlenhydrate zu Einfachzuckern, die Eiweiße zu Aminosäuren, die Fette zu Fettsäuren abgebaut werden – weil nur diese kleinsten Teile klein genug sind, um über die Darmwand ins Blut zu gelangen. Sobald noch zwei oder drei Zucker zusammenhängen, passen sie nicht durch die Darmwand, sondern verbleiben im Darm. Genau das Gleiche geschieht mit den Eiweißen. Wenn sie nicht in die kleinsten Teile, die Aminosäuren, zerlegt werden, verbleiben auch diese im Darm. Ebenso verhält es sich bei den Fettsäuren. Wenn diese Einzelbausteine vom Körper aufgenommen worden sind, werden beispielsweise aus den Aminosäuren, die aus tierischem oder pflanzlichem Eiweiß gewonnen wurden so zusammengebaut, dass menschliches Eiweiß daraus entsteht. Damit Eiweiß aufgebaut werden kann, verbraucht man Energie. Diese liefern uns die Kohlenhydrate, also die Zucker, die in den Zellen verbrannt werden, oder die Fette. Diese Energie ist erforderlich, damit wir unseren Körper immer wieder aufbauen und verändern können.

Zufuhr und Abgabe von Flüssigkeit ist beim gesunden Körper ausgeglichen. Durch Getränke, Nahrung und dem aus der Verbrennung der Kost entstandenen Oxidationswasser werden die Zellen mit Wasser versorgt. Die Ausscheidung erfolgt über Urin, Haut, Atmung und Stuhl.

Balance dank Leber und Nieren

Gesunde, lebensnotwendige Nährstoffe wie Eiweiß, Kohlenhydrate, Fett, Vitamine und Mineralstoffe dienen der Versorgung unseres Körpers. Ihre End- und Abbauprodukte, d. h. schädliche, nicht mehr für den Körper verwertbare Stoffe, werden entsorgt, ebenso wie Giftstoffe (z. B. Insektenvernichtungsmittel) aus der Nahrung selbst. Dieses sensible Wechselspiel wird durch Leber und Nieren ausbalanciert.

Leber

Die Leber, die größte Drüse des menschlichen Körpers, fungiert als zentrales Laboratorium. Die Leistungen zeigen sich dadurch, dass die Leber sowohl Fette, Eiweiße und Kohlenhydrate auf- und abbauen kann. Sie baut den Zucker um in die Speicherform des Zuckers, Glykogen. Aus den Fetten werden Körperfette aufgebaut, aber es werden auch Triglyzeride und Cholesterin in der Leber abgebaut und über die Gallensäfte und die Gallenblase wieder entsorgt. Im Eiweißstoffwechsel kommt der Leber ebenfalls die Aufgabe des Aufbaus zu. Nicht mehr verwertbares Eiweiß wird abgebaut, und die Restbestandteile werden über die Nieren ausgeschieden.

Leber, Nieren und Lunge sind verantwortlich für ein ausgeglichenes Säure-Basen-Verhältnis. Dafür braucht der Körper ausreichend Wasser, am besten in reiner Form, das von außen zugeführt werden muss.

Nieren

Die Nieren filtern Stoffe aus dem Blut, die über den Harn ausgeschieden werden müssen, darunter auch der Harnstoff und die Harnsäure als Endprodukte des Eiweißstoffwechsels. Sie regulieren das dynamische Gleichgewicht von Wasser und Salzen im Organismus und sichern zusammen mit Leber und Lunge das Säure-Basen-Gleichgewicht im Blut. Das für ihre Arbeit notwendige Medium ist das Wasser als *das* Lösungs- und Reinigungsmittel. Die Hauptaufgabe des Wassers besteht darin, alle Stoffe, die im Körper gebraucht werden, zu verteilen und die Abbauprodukte, die nicht mehr verwertet werden, über die

Nieren zu entsorgen. Je weniger Inhaltsstoffe im Wasser enthalten sind, desto größer ist seine Reinigungskraft; nur reines Wasser kann die Zellen und Zellzwischenräume von alten Stoffwechselprodukten befreien. Je weniger störende Stoffe im Wasser enthalten sind, desto größer ist seine Lösungs- und Transportfähigkeit. Als gutes Maß für die Sauberkeit des Körpers hat sich die Farbe des Urins erwiesen. Je klarer der Urin, desto besser wurde der Körper entgiftet. Je dunkler der Urin, desto mehr Gift- und Abfallstoffe befinden sich noch im Körper.

Das richtige Getränk macht's

Sämtliche Getränke bestehen letztendlich aus Wasser, in dem je nachdem unterschiedliche Stoffe gelöst sind, beispielsweise Alkohol im Bier, Zucker im Cola. Je weniger Stoffe sich im Wasser befinden, desto höher ist seine Reinigungskraft. Sind zu viele Stoffe im Wasser, dann kann es sogar passieren, dass der osmotische Druck des Wasser größer ist als der des Körpers, die Folge: Diese Getränke entziehen dem Körper dann sogar Wasser, anstelle, dass ihm welches zur Verfügung gestellt wird. Durstsignale werden kaum noch wahrgenommen und häufig als Hunger missverstanden. Metabolic Balance sieht je nach Stoffwechselbelastung und Ausgangsgewicht individuelle Mengen reinen Trinkwassers vor. Dabei können im Einzelfall bis zu vier Liter pro Tag angegeben sein. In Verbindung mit den in allen Plänen vorgesehenen Faserstoffen aus frischem Obst und Gemüse werden basische Puffersubstanzen zugeführt, die die Ausleitung unterstützen. Solitäre Eiweiße (siehe S. 31 f.) in bioverwertbarer Menge verhindern, dass sich saure Überreste bilden, die der Körper sonst über basische Substanzen abpuffern müsste.

Wasser ist ein Lebenselixier, das uns mit lebenswichtigen Mineralstoffen versorgt.

Mit Metabolic Balance führen Sie dem Körper wenig säure- und vermehrt basenbildende Nahrungsmittel zu, was zu einer sehr guten Entsäuerung führt. Dies ist in den ersten Tagen gut messbar über die Bestimmung des pH-Wertes im Urin, der während dieser Zeit einen deutlich niedrigen Wert anzeigt.

Säure-Basen-Gleichgewicht

Bei der Verbrennung der Nahrungsmittel entstehen in den Körperzellen Säuren. Bei der Verbrennung von Kohlenhydraten entsteht Kohlensäure, die als Gas über die Lunge abgeatmet wird, aber auch Milchsäure, die sich als Muskelkater bemerkbar macht, wenn sie im Gewebe abgelagert wird. Die Milchsäure entsteht bei zu großer Belastung, wenn der Sauerstoffgehalt für die Verbrennung nicht mehr ausreicht. Beim Abbau der Proteine und Fette entstehen Aminosäuren und Ketonsäuren, die z. B. als Harnsäureablagerungen zu Gicht und als Fettablagerungen zu Gefäßverengungen führen und über die Nieren bzw. Leber/Gallenblase ausgeschieden werden. Alle Säuren zeichnen sich dadurch aus, dass sie Wasserstoffionen (H+) besitzen. Sie werden als Maß (pH-Wert) für die Stärke der Säure herangezogen. Der pH-Wert berechnet sich also aus der Menge der Wasserstoffionen, allerdings in umgekehrter Weise und ist umso niedriger, je höher der Wasserstoffanteil ist. Die Magensäure (= Salzsäure) ist die stärkste Säure in unserem Körper mit einem pH-Wert von 1,2 (entspricht der Säure in einer Autobatterie!). Bei einem pH-Wert von 7 sind Säuren und Basen im Körper ausgeglichen, der pH-Wert des Blutes liegt zwischen 7,38 und 7,42, das Blut ist also leicht basisch (= alkalisch). Um die im Körper entstehenden Säuren zu neutralisieren, benötigt der Körper basische Substanzen, die aus Mineralien bestehen. Deren pH-Wert reicht von 7 bis 14. Sie bestehen aus einer Hydroxylgruppe und Mineralien wie Natrium und Eisen. Um den pH-Wert im Blut nahezu konstant zu halten, können die in den Zellen entstandenen Säuren erst dann über das Blut neutralisiert werden, wenn genügend basische Substanzen vorhanden sind.
Nach dem Verlassen der Zelle dienen zuerst das Bindegewebe und anschließend die Gelenke, Sehnen und Muskeln als Zwischenlager für überschüssi-

ge Säuren. Werden über die Ernährung zu wenig Basenbildner und Mineralien zugeführt, holt sich der Körper diese Mineralien aus den Knochen und Gelenken, wo sie für die Festigkeit dieser Gewebe eigentlich dringend gebraucht werden. Die Folge: Es kommt zu Arthrose und zu Osteoporose. Im gesunden Körper werden Säuren und Basen schließlich über die Ausscheidungsorgane (beispielsweise Nieren oder Lunge) abtransportiert. Dies kann aber nur erfolgen, wenn diese Organe frei und aufnahmefähig sind.

Alle Entzündungen im Körper entstehen in einem sauren Milieu. Ein ausgeglichener Säure-Basen-Haushalt bedeutet also auch weniger entzündliche Prozesse.

Das Fass läuft über – wir werden chronisch krank

Der menschliche Körper besteht zum großen Teil aus Wasser. Während ein Säugling noch zu 70 Prozent aus Wasser besteht, sind es beim Erwachsenen 55 bis 60 Prozent, im Alter nur noch 50 bis 55 Prozent. In der Bilanz werden bei einem 70 Kilogramm schweren Menschen etwa 2,5 Liter Wasser aufgenommen und wieder abgegeben. Dieser Flüssigkeitsbedarf ist abhängig von der Außentemperatur sowie von der körperlichen Belastung und ist bedingt durch Wasserverlust über Schweiß und Atmung. Etwa zwei Drittel des Körperwassers befinden sich dabei im Intrazellulärraum, dem inneren Körperzellraum, und im Blut. Wie in einem Bassin, das über Zu- und Ablauf verfügt, gewährleistet der Organismus für Körperfunktionen wie Stoffwechsel, Temperaturausgleich, Blutdruck und Blut-pH-Wert ein regulatives Gleichgewicht und damit Stabilität gegenüber den vielfältigen Aggressoren der Umwelt. Man spricht auch von Homöostase (Gleichstand). Diese gerät spätestens dann durcheinander, wenn die natürlichen Ausleitsysteme wie Leber, Nieren, Haut und Darm durch Überforderung blockiert sind, die Zufuhr an Giftstoffen aber gleich bleibt. Das einstmals durchlässige Bassin verkommt zum Fass, das überläuft und Symptome einer bereits chronisch werdenden Erkrankung verursacht.

»Leaky-gut-Syndrom«

Erfolglose Versuche, mit einseitigen Diäten abzunehmen, suggerieren nur allzu oft mangelnde Disziplin und Durchhaltevermögen und stellen solche Menschen als Willensschwächlinge hin.

An erster Stelle der auf das Ökosystem unseres Körpers einwirkenden Faktoren finden wir unsere Nahrung, gefolgt von einer Reihe körperfremder, schädlicher Stoffe. Doch ist unsere derzeitige Ernährung ganz und gar nicht mehr im Sinne von Hippokrates zu sehen: »Eure Nahrung sei eure Medizin, und eure Medizin eure Nahrung«. Im Gegenteil, mittlerweile entstehen einzig ernährungsbedingt völlig neue Krankheitsbilder, eines davon das »Leaky-gut-Syndrom«. Bei dieser zu den Nahrungsmittelallergien zählenden Darmerkrankung kommen unvollständig verdaute Nahrungsbestandteile wie Stabilisatoren, Emulgatoren, Konservierungsmittel oder Farbstoffe in den Darm, die unsere Darmzellen nicht mehr als Nahrungsbestandteile erkennen und Abwehrstoffe gegen diese Substanzen bilden. Dadurch kommt es zu einer Entzündung der Darmschleimhaut, die wir zunächst selbst gar nicht bemerken, weil der Darm sehr gut regulieren kann. Durch diese starke Abwehrreaktion entstehen jedoch zwischen den einzelnen Darmzellen kleine Löcher, durch die dann komplexe Nahrungsmittel in die Blutbahn gelangen können. Normalerweise gelangen nur abgebaute Aminosäuren durch die Darmzellen ins Blut. Beim »Leaky-gut-Syndrom« mogeln sich aber auch komplexe Eiweißmoleküle zwischen den Darmzellen hindurch. Weil der Organismus diese als körperfremdes Eiweiß erkennt, bildet er sehr viele Antikörper dagegen: Die Menschen entwickeln immer schlimmere Allergien. Daher sollte jede gute Allergiebehandlung zunächst mit einer Darmsanierung beginnen, damit sich diese Löcher im Laufe der Zeit wieder schließen. Das Beste ist natürlich eine Ernährungsweise mit gesunden, naturbelassenen Nahrungsmitteln, die nicht industriell verändert worden sind oder durch irgendwelche Stabilisatoren, Konservierungsmittel, Aromastoffe, Farbstoffe oder sonstige künstliche Substanzen aus der Chemiewerkstatt »veredelt« worden sind.

Finger weg von allen Kuren, die nur auf wenige Lebensmittel wie Kartoffeln, Reis, Ananas oder Eier ausgerichtet sind oder ganze Nährstoffgruppen wie Fette, Proteine oder Kohlenhydrate zu sehr reduzieren oder ganz vermeiden.

Der »durchlöcherte Darm«

Beim »Leaky-gut-Syndrom« sind nun zwischen den Zellen der Darmwandbarriere mikroskopisch sichtbare Löcher entstanden. Damit werden die Nährstoffe nicht mehr durch die Darmzellen geschleust, sondern wandern durch die Löcher. Auf diese Weise wird die Schleimhautbarriere aber auch durchlässig für Stoffe, für die der gesunde Körper eine Permeabilität (Durchwanderung) nicht vorgesehen hat. Der Darm hat im Wesentlichen nämlich zwei zueinander im Gegensatz stehende Funktionen: Auf der einen Seite muss er durchlässig für kleinste Nährstoffteilchen sein, auf der anderen Seite hat er eine Barrierefunktion gegen Fremdantigene, also Substanzen, die als fremde Eindringlinge erkannt werden. Den Verlust dieser natürlichen Schranke durch eine erhöhte Durchlässigkeit der Schleimhaut bezeichnet man als »Leaky-gut-Syndrom« – »durchlöcherten« Darm.

Die Folge ist eine erhöhte Antigenaufnahme und deren Konfrontation mit dem darmeigenen Immunsystem. Einem Teufelskreis gleich entstehen so in der Folge neue Nahrungsmittelallergien, die ihrerseits eine weitere Schädigung der Schleimhaut bewirken. Die Medizin beschreibt diese Vorgänge als Immundestruktion (allmähliche Zerstörung des Immunsystems). Ungünstig wirken sich dabei langfristig alle in einem Zusammenhang mit Allergien stehenden Erkrankungen aus. Eine Allergie ist letztendlich nichts anderes als eine überschießende Immunreaktion des Organismus, der eine Sensibilisierung auf körperfremde, eigentlich jedoch unschädliche Substanzen vorausgegangen ist.

Die Folgen des Metabolischen Syndroms

Durch einseitige Diäten entsteht mehr Schaden als Nutzen, weil notwendige Nahrungsbestandteile wie essenzielle Amino- und Fettsäuren, wichtige Vitamine, Mineralstoffe und sekundäre Pflanzenstoffe fehlen.

Im Alltag strömen chronisch kranke Menschen mit multiplen Symptomen in die Praxen. Es ist ihr Leidensdruck, der sie zur Veränderung ihrer Lebensgewohnheiten drängt. Manchmal sind es ganz unspezifische, aber hartnäckig wiederkehrende Unpässlichkeiten, manchmal subtile Krankheitsverläufe, wie die chronische Müdigkeit, die ihnen zu schaffen machen. Unter der Bezeichnung CFS (»chronic fatigue syndrome«) werden beträchtliche Leistungsminderung sowie geistige und körperliche Erschöpfung beschrieben, die keinerlei Erholung weicht. Immundefekte und ein ernährungsbedingter Vitalstoffmangel werden hier ebenso diskutiert wie bei den Symptomen des Reizdarms mit Erscheinungen von Blähungen und dem Wechsel zwischen Durchfällen und Verstopfung. Migräne als immunologische Unverträglichkeitsreaktion beispielsweise auf Hefen, rheumatische Erkrankungen als Stoffwechsel-Autoimmunreaktion, atopische, d. h.

Viele Aspekte führen zur Übersäuerung. Ihnen gilt es auf die Spur zu kommen.

seltene Erkrankungen (z. B. atopische Ekzeme) als Überempfindlichkeitsreaktion, allergische Bindehautentzündung, allergischer Dauerschnupfen, Asthma bronchiale, Nesselsucht (Urticaria) und allergische Darmreaktionen (Enteritis) beispielsweise auf Milch seien hier stellvertretend für die Krankheiten genannt, die auf den ersten Blick scheinbar weder mit dem Immunsystem noch mit dem Darm etwas zu tun haben, deren Zusammenhang mit der Ernährung aber inzwischen bewiesen ist. Ein sich in letzter Zeit ebenfalls häufendes Krankheitsbild ist das der Zöliakie – der Name bedeutet »an der Verdauung leidend«. Das in vielen Getreidearten vorkommende Kleberprotein Gluten wirkt dann als Antigen, und unser Organismus entwickelt Antikörper gegen das an sich gesunde Eiweiß, das in sämtlichen Getreidesorten vorkommt. Es kommt zu schweren Mangelerscheinungen sowie zu chronischen Durchfällen im Kleinkind- und auch im Erwachsenenalter.

Langfristig sind nur solche Speisepläne durchführbar, die eine abwechslungsreiche Mischkost bieten und im praktischen Leben mit Urlaub, Einladungen und Festen leicht eingehalten werden können.

Folgeerkrankungen

Das durch jahrelange Fehlernährung herbeigeführte Metabolische Syndrom zieht neben den bereits ausgeführten schließlich weitere chronische Erkrankungen nach sich. Fettleibigkeit allein bewirkt statische Veränderungen im gesamten System der Wirbelsäule und löst damit Folgebeschwerden aus, die von Haltungsschäden bis zu Gelenkerkrankungen reichen können.

Irgendwann rebelliert der Körper

Irgendwann reicht es unserem Körper – er reagiert bei einem Zuviel an übersäuernden Lebensmitteln mit einem messbaren Mangel an Basen. Dieses Krankheitsbild wird auch Metabolische Azidose genannt. Manchmal ist es schlicht Sodbrennen, das beim Patienten das Fass zum Überlaufen bringt, wie das folgende Fallbeispiel belegt.

Fallbeispiel: Sodbrennen über Jahre

Fettsucht macht krank und führt in die Isolation und Einsamkeit. Dicke Menschen sind oft so verzweifelt, dass sie vermehrt zu Depressionen neigen.

Walter, ein 54-jähriger Vertriebsmanager, der sich selbst als »ständig auf Achse« bezeichnet, kommt zu einem unserer Vorträge eigentlich nur, weil ihn seine Frau im Schlepptau hat. Diese hatte etwa ein halbes Jahr zuvor mit Metabolic Balance nicht nur ihr Wunschgewicht wieder erreicht, sondern vor allem erfahren, dass der vom Arzt diagnostizierte Reizdarm vollkommen zur Ruhe gekommen ist. Ihre zu Ekzemen neigende Haut wurde gesund, und die längst verloren geglaubte Energie und Leistungsfähigkeit kehrte in einem Maße

Das Metabolische Syndrom und seine Folgen

Metabolisch	Statisch	Psychiatrisch
Diabetes mellitus Typ 2	Atemstillstand beim Schlafen	Depressionen
Dyslipidämie	Atembeschwerden durch Fettleibigkeit	Neurotische Entwicklungen
Arterieller Bluthochdruck	Verschiedene Formen der Arthrose	Selbstmordrisiko
Herz- und Gefäßkrankheiten	Rückenbeschwerden	**Sozial**
Gicht	Erkrankungen durch Blutgerinnsel	Isolation, Vereinsamung
Störungen der Leber und Gallenblase	Chronische Durchblutungsstörungen	Diskriminierung (z. B. bei der Arbeit)
Krebsgeschwüre	Hautinfektionen, wunde Stellen	Verminderte Körperhygiene
Zystenbildung an den Eierstöcken	Erhöhtes Operationsrisiko	Einschränkung im Sexualleben

zurück, dass es auch ihren Mann neugierig machte. »Er hat seit Jahren Sodbrennen, hat schon wieder 5 Kilogramm zugenommen, na ja, und den Rest – das soll er Ihnen mal lieber selbst sagen!«, so ihre einleitenden Worte. Der Vortrag interessiert Walter eher beiläufig. Was ihm auf den Nägeln brennt, ist die Frage, ob diese Kur zügig geht und ob einer wie er, der so viel unterwegs sein und mit Kunden essen gehen muss, überhaupt eine Chance zum Mitmachen hat. Immerhin lässt ihn hellhörig werden, was er an diesem Abend über die Veränderung von chronischen Krankheitssymptomen durch Metabolic Balance erfährt. »Glauben Sie, bei meinem Sodbrennen lässt sich auch noch was machen?«, fragt er und zieht seinen Terminplaner schon mal aus der Tasche.

Wunder geschehen nicht über Nacht, auch nicht beim Abnehmen. Doch wer im Kopf verstanden hat, worauf es bei Metabolic Balance ankommt, und entsprechend handelt, wird den Erfolg am eigenen Leib erleben.

Äußerlich gut sichtbar

Die Krankengeschichte, die ich eine Woche später aufnehme, zeigt ein für das Metabolic-Balance-Programm geradezu klassisches Symptomenbild: Walter hat seit etwa zehn Jahren ständig wachsendes Übergewicht: 92 Kilogramm bei einer Größe von 170 Zentimetern, Taille und Hüfte sind im Umfang völlig identisch; beide betragen 105 Zentimeter. Seinen früheren Leistungssport hat er mangels Zeit und wegen der beginnenden Rücken- und Gelenkprobleme aufgegeben. Bedingt durch das ständig in Hetze stattfindende Kantinen- und Gasthausessen hat sein früher sporadisch auftretendes Sodbrennen nun seit fast zwei Jahren eigentlich gar nicht mehr aufgehört – so diagnostiziert er schon selbst. Aufstoßen und Verdauungsprobleme sind dazugekommen. Vor allem in letzter Zeit fühlt er sich aufgeschwemmt; am meisten ärgern ihn aber die völlige Erschöpfung und der Energieverlust, die ihn abends vor dem Fernsehapparat sofort einschlafen lassen. Seit seine Frau wieder so fit sei, gebe es deswegen häufig Probleme! Aber manchmal habe er auch tagelang Migräne: »Sie

Essen soll ein Genuss bleiben. Es soll uns nicht nur vor dem Hungertod bewahren, sondern Gelegenheit zur Lustbefriedigung bieten und soziale Kontakte aufrechterhalten.

wissen schon, das kommt an manchen Tagen gleich morgens früh, noch im Aufwachen. Na und dann ist ja alles zu spät, weil ohne schwere Schmerzmedikamente gar nichts mehr geht – und die machen eben leider auch sehr müde.« Als vor einem halben Jahr dann erstmals Rücken- und Gelenkprobleme auftraten, er rund sechsmal im Jahr eine schwere Erkältung überstehen musste und daraus inzwischen ein Dauerschnupfen geworden ist, ging er zum Arzt – eigentlich vor allem deshalb, weil ihn seine Frau dazu drängte. »Der hat mir schon ein bisschen Angst gemacht«, erzählt er. Der Blutdruck sei viel zu hoch, und wenn seine Blutfett- und speziell die Herz- und Leberwerte so blieben, hätte er gute Aussichten, einer der jüngeren Schlaganfallpatienten zu werden. Gegen das Sodbrennen nimmt Walter jetzt ein Medikament – keine Dauerlösung, wie der Arzt betonte. Dieser riet Walter auch, etwas an seiner Ernährung zu ändern, denn zu dick sei er ja offensichtlich auch. Eine Darmspiegelung brachte glücklicherweise keine auffälligen Befunde, Probleme mit der Verdauung hatte Walter danach aber immer noch. Er erkundigte sich danach, was genau er essen solle, auch um Gewicht abzubauen. Das konnte ihm sein Arzt allerdings auch nicht sagen, der selbst mit seinem Gewicht zu kämpfen hatte und ab und zu eine Nulldiät machte. Auch gegen die Migräne bekam Walter Medikamente – bei denen muss er allerdings sehr vorsichtig sein, da sonst sein Magen gleich wieder verrückt spielt.

Gelenkprobleme, Gicht, Schnupfen

»Bauen Sie mal Ihren Stress ab!«, so lautete der Ratschlag seines Arztes – und dabei schaut mich Walter ganz ratlos an. Wegen der Gelenkprobleme habe der Arzt ihm ein Anti-Gicht-Mittel verschrieben; seine Harnsäurewerte seien viel zu hoch, er solle eindeutig weniger Fett essen und auf sein tägliches Bier mal eine Weile verzichten. Ja, und zum guten Schluss sei er zum HNO-Arzt geschickt worden wegen des wohl allergischen Schnupfens. Das Mittel, das er da nehmen sollte, mache ihn aber noch müder, und überhaupt habe er die ganze Einnehmerei ganz schön satt. »Aber wissen Sie, die Angst bleibt natürlich«, sagt er, »mein Vater hatte ja mehrere Schlaganfälle und war so in meinem Alter, als er auch immer dicker wurde.«

Der Wille muss dasein

»Ob das jetzt alles noch was nützt ...?«, lautet der lakonische Kommentar, als Walter seinen Ernährungsplan zum ersten Mal sieht. Doch dann kann ich ihn bei seinem Ehrgeiz packen, als ich ihm anhand seiner schon bestehenden Symptome Einblick gewähre in die chronische Krankheitsspirale, die bei ihm entstanden ist. Sein Fass ist bereits übergelaufen. Das vielfältige Übel einmal an seiner Wurzel auszureißen, den Wust an belastenden Medikamenten ein für allemal loszuwerden, neue Energie und Elan zu entwickeln und dabei wieder schlanker zu sein – das scheint die Vision zu sein, die bei Walter nochmals uralte Durchhaltekräfte mobilisieren kann. Mit dem allerletzten Quäntchen Motivation stellt Walter sich den Plan in sein persönliches »Tagesraster auf vier Rädern«. Zusammen mit seiner Frau organisieren sie, was er an Lebensmitteln aus seiner persönlichen Nahrungsmittelliste für jeden Tag seines Plans braucht. Das Frühstück nimmt er noch zu Hause ein, für eventuelle Hotelübernachtungen gibt es in seinem Plan genügend Alternativen. Die Mittags-, manchmal auch die Abendportion nimmt er sich anfänglich auf die Reise mit. Für unaufschiebbare Kundenessen besprechen wir, wie er ohne Aufwand oder Erklärung auch im Gasthaus an seinem Ernährungsplan festhalten kann. Bereits in der ersten Woche zeigt ihm die Waage, wie schnell sein Stoffwechsel auf Entlastung reagiert. Gut motiviert und schon spürbar energievoller macht er deshalb unbeirr-

Was als kleine Keimzelle mit wenigen Patienten begann, hat wie von selbst immer größere Kreise gezogen. Mehr als 650 Ärzte, Heilpraktiker und Ernährungsberater wenden die Methode Metabolic Balance nun erfolgreich an.

Die Suche danach, was wirklich schlank macht, ist vorbei – Versuch und Irrtum gehören der Vergangenheit an.

Wasser trinken statt Zwischenmahlzeiten einnehmen ist eine Empfehlung von Metabolic Balance.

bar weiter, auch wenn ihm die Fünf-Stunden-Pause zwischen den Mahlzeiten zu diesem Zeitpunkt noch etwas gewöhnungsbedürftig erscheint. »An das viele Trinken hab ich mich aber sehr gut gewöhnt«, sagt er. »Wissen Sie, da überbrückt man leichter die fünf Stunden, bis es wieder etwas zu essen gibt – obwohl ich sagen muss, dass ich so gar keinen Hunger habe, das ist ein Phänomen! Gelüste werden auch immer weniger, und wenn ich mich den früheren Verführungen gar nicht aussetze, dann vergesse ich diese regelrecht! Ist eben doch alles mental, das mit dem Gewicht, oder? Und seit ich den vielen Kaffee weglasse, der ja viel schlechter schmeckt als der Cappuccino, den ich jetzt in Ruhe und mit Genuss trinke, geht's dem Magen mit dem Sodbrennen von Tag zu Tag besser.«

Erleichterung und Wohlbefinden

Walter kontrolliert seither regelmäßig den Blutdruck, er ist von blutdrucksenkenden Mitteln seit der zweiten Woche Metabolic Balance frei. Nach insgesamt fünf Wochen zeigt die Waage 15 Kilo weniger an. Außer wetterbedingtem Kopfschmerz hat er keinerlei Migräne gehabt, seine Verdauungsprobleme sind weg, an das Sodbrennen kann er sich schon nicht mehr erinnern. Einmal in der Woche geht er ins Sportstudio mit seinem Sohn, auch weil er jetzt so viel Energie habe und es »ein Klasse Gefühl ist, sich abends den Stress aus dem Körper zu trainieren. Die Nase ist übrigens auch jetzt im Frühjahr frei«, erzählt er mir am Telefon, und das freue ihn besonders, »denn der Hals-Nasen-Ohren-Arzt hat ja gemeint, ich werde im Frühjahr wohl auch auf Pollen reagieren!« Inzwischen ist Walter in der Erhaltungsphase und fühlt sich rundum wohl. »Neulich hab ich mal wieder mein obligatorisches Honigbrot zum Frühstück gegessen – irgendwie war mir das zu kompakt und viel zu süß. Aber ich soll ja jetzt auch Lebensmittel ausprobieren, die nicht auf meiner Liste stehen und die ich eigentlich gern gegessen habe. Ehrlich gesagt, geht es mir am besten, wenn ich mit dem, was ich esse, grob in meinem Planraster bleibe. Bier treibt mein Gewicht in die Höhe, das kann man gleich an der Waage sehen. Und irgendwie macht mir der Kuhmilchkäse nicht nur Blähungen, sondern auch sonst Verdauungsprobleme. Aber es ist wirklich außerordentlich spannend, wieder zu merken, welche Signale der Körper einem gibt.«

Selbstbewusst und aufgeräumt

Beim Betriebsabend der Firma hat Walter für sein gutes Aussehen jede Menge Komplimente eingeheimst. Die hausgemachten Sahnenudeln und auch ein Bier hat er sich selbstverständlich schmecken lassen. Dass er am nächsten Tag dann streng nach seinem Plan isst, weiß außer ihm ja niemand. Was denn das für eine Diät sei, das haben ihn die Kollegen gefragt, er esse und trinke doch das Gleiche wie sie! »Das ist was anderes«, hat er ihnen geantwortet. »Ich wollte gesund werden, und da hilft ein Stoffwechselprogramm. Was das ist, erfahrt ihr im nächsten Vortrag. Nächste Woche bin ich bei meinem Arzt. Was glauben Sie, was der für Augen machen wird, der will nämlich auch meine Blutwerte kontrollieren. Und ich bin gespannt, wie der aussieht – der hat in seinem Urlaub wieder mal eine Nulldiät gemacht!«

Erfolg ist sichtbar. Durch ein schlankeres Aussehen gewinnen viele Menschen Selbstbewusstsein.

Was kostet uns das alle(s)?

Ein Drittel der Kosten im Gesundheitswesen haben ihre Ursachen in der Fehlernährung. Mehr als jeder Zweite in Deutschland hat Übergewicht oder ist adipös. Die Hälfte der Deutschen sterben an den Folgen von Herz-Kreislauf-Erkrankungen, die die größten Kostenverursacher im Gesundheitswesen darstellen. Jeder Fünfte in Deutschland hat einen zu hohen Blutdruck. Der Löwenanteil der Gesundheitskosten geht also auf das Konto Lebensstil. Zu viel und zu süße Nahrung und wenig Bewegung sorgen unserer Meinung nach für die Explosion der Volkskrankheiten (Diabetes, Herz-Kreislauf-Erkrankungen, Rücken- und Gelenkprobleme). Durch den gestiegenen Zuckerkonsum entwickelt sich darüber hinaus Karies zur Zivilisationskrankheit Nummer eins, ganz zu schweigen von den durch übermäßigen Alkoholgenuss herbeigeführten gesundheitlichen Langzeitschäden.

Durch konsequente Ernährungsberatung als Vorsorge könnte viel Geld eingespart werden, das zur Zeit für die Behandlung von ernährungsbedingten Krankheiten ausgegeben wird.

Immer mehr Diabetiker

In Deutschland gibt es zurzeit sechs Millionen Diabetiker (acht Prozent der Gesamtbevölkerung). Bei gleicher Steigerungsrate wie bisher werden es in zehn Jahren zwölf Millionen sein. Hinzu kommen die Kinder und Jugendlichen mit bereits bestehendem »Alterszucker«, von denen jedes fünfte in Deutschland offiziell als zu dick erfasst ist.

Die Dunkelziffer ist hoch: Viele Betroffene wissen gar nicht, dass ihr Blutzuckerspiegel erhöht ist.

Allein für die Diabetikerbehandlung müssten bis 2010 jährlich etwa 40 Millionen Euro aufgewendet werden. Die Burda-Stiftung schätzt, dass rund ein Drittel der jährlichen Krankenkassenausgaben von 157 Millionen Euro auf das Konto von Krankheiten geht, die allein von Übergewicht, Fehlernährung und Bewegungsmangel herrühren. Zahlen, die auch von der Bundesregierung genannt werden.

Das geht ins Geld

Ungesunde Ernährung gefährdet unsere Gesundheit und unseren Geldbeutel also auch statistisch erfassbar. Auswirkungen der zunehmenden Übergewichtigkeit auf Krankenkassen und private Krankenversicherungen existieren bereits. Laut Statistik wird die Volkswirtschaft vor allem durch Arbeitsausfälle belastet, die auf das Konto von Rückenschmerzen gehen – und diese wiederum sind durch überzählige Pfunde und fehlende körperliche Ertüchtigung bedingt. Werden auch wir – wie die Amerikaner – bald über Folgendes diskutieren?

- Höhere Versicherungsprämien für Dicke
- Gestiegene Flugpreise wegen Mehrverbrauch an Kerosin
- Erweiterte U-Bahn-Sitze, Krankentragen und Klinikbetten
- Geringerer Kündigungsschutz für Arbeitnehmer im XXL-Format wegen ästhetischer Geschäftsschädigung

> Fastfood ist mit Sicherheit nicht das wahre Glück auf Erden, auch wenn die Werbung uns dies suggeriert.

Bloß kein Mitleid!

Angesichts einer Verdreifachung der Fettsucht von sechs- bis zehnjährigen Kindern seit 1975 in den USA erscheint die Entwicklung in Deutschland wie eine Kopie. Man begegnet Fettleibigen schon längst nicht mehr mit Mitleid und Randgruppendenken – sie gehören zum vertrauten Stadtbild schon dazu. Fettleibigkeit sollte jedoch nicht einfach so hingenommen werden, und statt auf Mitleid sollte auf Vorsorgeberatung gesetzt werden.

Gesunde Diätetik und eigenständige Ernährungstherapie

Nach Betrachtung der medizinischen und volkswirtschaftlichen Folgen einer Ernährung, die nachweislich dick und/oder krank macht, erscheint Metabolic Balance wie der berühmte Silberstreif am Horizont. Denn im Gegensatz zu allen gängigen Diäten und Behandlungskonzepten von Stoffwechselstörungen wird Ihnen hier Ihr eigener, nur für Sie gültiger, persönlicher Ernährungsplan ausgehändigt, dem die Beurteilung Ihrer individuellen Blutwerte vorausgegangen ist. Die Begleitung durch einen zertifizierten Betreuer räumt anfängliche Fragen und Unsicherheiten aus und unterstützt die erfolgreiche und praktische Umsetzung in die tägliche Esspraxis. Die bloße Einteilung nach Stoffwechseltypen, selbst die genaue Kenntnis der chemischen und physikalischen Lebensmittelzusammensetzung allein reichen (vor allem für den Alltag der Teilnehmer) nicht mehr aus.

Eine gesunde Ernährung im Sinne von Metabolic Balance normalisiert den Insulinspiegel und sorgt für lange Sättigungsphasen.

Individuelle Nahrungsfahrpläne

So wird der »Nahrungsfahrplan«, einem Routenplaner gleich, sehr dankbar angenommen. Denn wer macht sich schon gerne die Arbeit, sich nach dem Durchlesen eines neuen Diätbuches einen individuellen Ernährungsplan selbst herauszuarbeiten? Jeder klappt das Buch zu und überlegt sich, was man jetzt eigentlich genau machen soll. Hier nimmt Ihnen Metabolic Balance mit dem individuellen Ernährungsplan sehr viel Arbeit ab: Für jeden Teilnehmer wird ein individueller Ernährungsplan erstellt, mit täglich drei Mahlzeiten – Frühstück, Mittagessen, Abendessen. So wird es für den Klienten ganz einfach, sich seine Mahlzeiten zusammenzustellen, ohne dass er mühsam noch mal alles aus irgendwelchen Büchern raussuchen müsste. Auch die Frage: Passt diese Ernährung überhaupt zu mir? hat sich erübrigt. Kurz: Er ist bequem, nicht Zeit raubend in der Umsetzung und auch in der Hektik des Berufslebens absolut alltagstauglich. Metabolic Balance holt Sie an Ihrem Ausgangspunkt (Ihrem Gewicht und Ihrem aktuellen Laborbefund) ab und leitet Sie von da aus direkt ans gewünschte Ziel (Ihr Wunschgewicht). Wie ein Navigator führt Sie der betreuende Therapeut dabei sicher um die üblichen Anfangsstaus herum, umgeht alte Baustellen und klärt über mögliche Gefahren auf. Voraussetzung ist natürlich, dass jeder die Hilfe, die ihm hier angeboten wird, auch verantwortungsbewusst annimmt.

Bei Metabolic Balance gilt: Alle Wege führen nach Rom – doch wo ist Ihr Ausgangspunkt?

Maßgeschneidert und betreut

Der Metabolic-Balance-Ernährungsplan ist das individuelle Profil, das messbar zur Gesundung der kritischen Laborparameter, zur Gewichtsregulation sowie zum verbesserten Allgemeinbefinden führt. Eine solche gesunde Diätetik und eigenständige Ernährungstherapie basiert auf den aktuellen, labordiagnostischen Befunden der Klienten. Allgemeine Ernährungsempfehlungen allein reichen vor allem für den Dauererfolg jenseits des Jo-Jo-Effekts eben nicht mehr aus.

Persönliche Vorlieben

Die Umsetzung Ihres eigenen Plans in die tägliche Esspraxis hilft Ihnen, wenn Sie abnehmen wollen. Als eigenständige Ernährungstherapie wirkt Metabolic Balance aber auch stoffwechselregulierend und abwehrstärkend; sie bietet Lebensmittel, die Ihr persönlicher Organismus auch tatsächlich verdauen kann. Gleichzeitig berücksichtigt der persönliche Essensplan individuelle Eigenheiten und Vorlieben. Wenn Sie auf eine Medizin, die wie die Feuerwehr Löschfahrzeuge zum Einsatz bringen muss, nicht mehr warten wollen, sollten Sie präventiv zum Gärtner im eigenen Gesundheitsgarten werden!

Auf die Signale des Körpers achten
bedeutet, sich bewusst zu ernähren.
Unser Konsumverhalten wird zu sehr
von der Werbung gesteuert.

Was braucht unser Körper wirklich?

Finden Sie Ihr natürliches Gleichgewicht

Adipositas entsteht langsam

Wie aus den vorangehenden Kapiteln ersichtlich wird, essen Menschen, die nicht abnehmen, weder das, was ihr Körper wirklich braucht, noch die richtigen Mengen.

Auf- und Abbau von Körpersubstanz

Die meisten haben die x-te Methode zur Gewichtsreduktion probiert, immer neue Anläufe zum Hunger-Fasten unternommen und erfahren, dass mit der Zeit alles noch schlimmer geworden ist. Denn um einen schnellen und hohen Gewichtsverlust zu erreichen, gibt es genügend Blitz- und Crashdiäten, die jedoch alle neben Fett auch viel körpereigenes Eiweiß abbauen. Tragischerweise sind sogar häufige Diätversuche nachgewiesenermaßen ein weiterer Risikofaktor für Fettleibigkeit und Übergewicht.

Essen darf keine Sünde sein und kein schlechtes Gewissen verursachen. Essen soll Lust bereiten und gute Laune machen.

Jo-Jo-Effekt

In der Minnesota-Studie wurde Folgendes festgestellt: Man sperrte 32 junge, gesunde amerikanische Soldaten für ein Jahr lang in ein Stoffwechsellabor ein und hat ihnen 24 Wochen lang nur 50% ihres eigentlichen Kalorienbedarfs gegeben. Fazit: Die Studienteilnehmer verloren in dieser Zeit 70% ihres anfänglichen Fettgehaltes und 17% ihres Eiweißes. In den nächsten 12 Wochen haben sie dann wieder 100% der Kalorien bekommen und dabei zuerst rasch viel Fett (von 30% auf 80%) und wenig Eiweiß von (83% auf 88%) nur ganz langsam aufgebaut. Und in der dritten Phase durften die Probanden so viel essen wie sie wollten, nichts ist abgewogen worden, also Essen frei nach dem Motto »all you can eat«, »all inclusive«. Und da haben alle 32 Soldaten so lange 50% mehr als ihren eigentlich berechneten

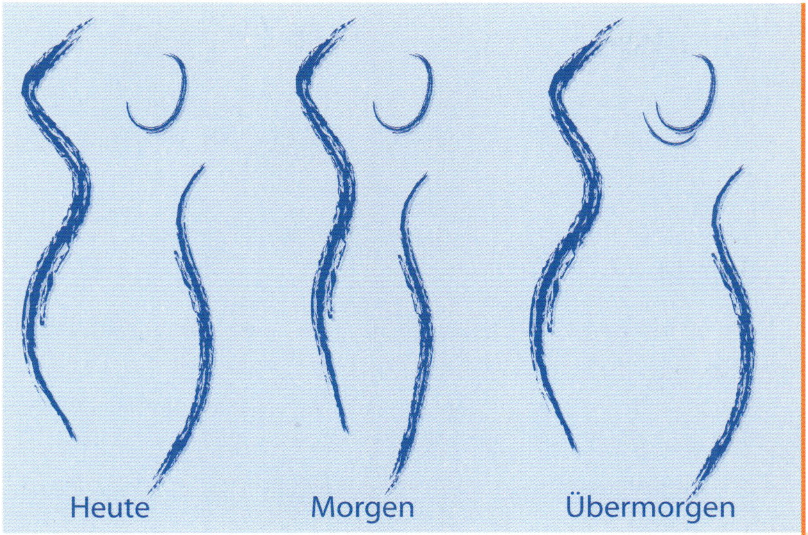

Der Jo-Jo-Effekt führt letztendlich zu einem höheren Endgewicht.

Viele der gängigen Abnehmdiäten haben sich langfristig als mangelhaft erwiesen und gelten zum Teil sogar als Risikofaktoren für zunehmendes Übergewicht.

Kalorienbedarf gegessen, bis der Eiweißgehalt wieder auf 100% war. Zu diesem Zeitpunkt hatte sich der Fettgehalt im Körper nahezu verdoppelt!

Der Körper hat ein so genanntes Eiweißgedächtnis, und der Grund für diesen JoJo-Effekt ist der – das ist für mich die beste Erklärung aus diesem Experiment – dass die Leute, wenn sie mit ihrer Diät fertig sind, hinterher so lange vermehrt Hunger und Appetit haben, bis ihr Eiweißgehalt im Körper wieder stimmt. Und bei allen diesen, sowohl kohlenhydratreduzierten als auch kalorienreduzierten Diäten verbraucht der Körper sehr viel Eiweiß. Der Grund ist der: Es gibt bestimmte Organe bei uns im Körper, das Gehirn, wichtige Hormonproduzenten und die roten Blutkörperchen, die nur auf die Verwendung von Glukose angewiesen sind. Die können kein Fett verbrennen. Die Muskulatur ist in der Lage, auch Fett zu verbrennen, wenn mal zu wenige Kohlenhydrate da sind. Aber das Gehirn kann vorwiegend

Übergewicht wächst langsam, aber beständig.

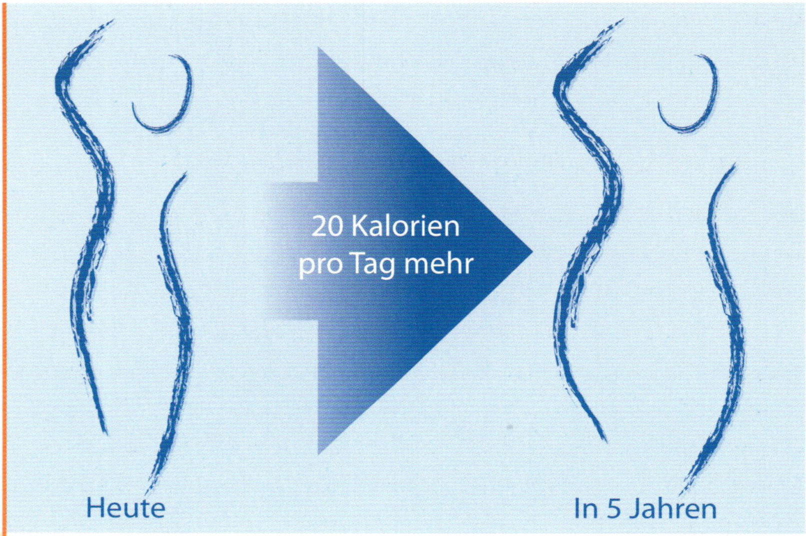

Die Zunahme von Körpergewicht funktioniert immer schneller als die Abnahme. Das ist im Grunderhaltungstrieb des Menschen verankert.

nur Kohlenhydrate verbrennen. Diese Wichtigkeit erkennt man auch daran, dass diese Organe die Glukose in die Zelle aufnehmen können, ohne auf Insulin für den Transport durch die Zellmembran angewiesen zu sein.

Wenn wir uns jetzt also hypokalorisch, also mit wenigen Kalorien und wenigen Kohlenhydraten, ernähren, bekommt das Gehirn zu wenig Glukose. Und damit das nicht passieren kann, hat der Körper die Fähigkeit, aus körpereigenem Eiweiß wieder Glukose aufzubauen, das nennt man die sogenannte Glukoneogenese. So baut man bei diesen Crash- und Schnellstdiäten, weil Kohlenhydrate fehlen, immer auch sehr viel eigenes Eiweiß ab, und die Leute haben hinterher so lange sehr viel Hunger, bis der Eiweißgehalt wieder stimmt.

Bei Metabolic Balance ist es so, dass wir alle drei Nahrungsbestandteile Kohlenhydrate, Fette und Eiweiße, in ausreichender Menge und in ausreichender Zusammensetzung zur Verfügung haben, so dass der

Körper kein körpereigenes Eiweiß verbrennen, und zu Glukose umbauen muss, der Jo-Jo-Effekt bleibt aus!

Übergewicht wächst wie ein Korallenriff

Übergewicht wächst allmählich. Ein Ernährungswissenschaftler hat einmal gesagt: »Wie ein Korallenriff – langsam, fast wie im Zeitlupentempo, aber ohne Unterlass.« Wo sich das Fett im Körper ablagert, ist genetisch bedingt und entspricht, wie die Ernährung selbst, dem Vorbild unserer Ahnen. Bei hellhäutigen, eher blonden Menschen werden Körpernischen wie die Kniekehlen, die Stelle über dem Ellbogen und das Doppelkinn mit Fettreserven gefüllt, danach in gleicher Verteilung die gesamte Körperoberfläche. Geometrisch gleicht ihr Körperbau einer Kugel, die sich zur Wärmespeicherung hervorragend eignet und den Vorfahren in den kalten Zonen von deutlichem Nutzen war. Dunkelhaarige mit dunklen Augen und in der Regel stärker pigmentierter Haut dagegen folgen ihren Urahnen in den warmen Zonen nach. Sie tragen ihre Fettdepots an Gesäß, Brust und Bauch, womit eine Oberflächenvergrößerung entsteht, von der die Hitze besser abstrahlen kann. In beiden Fällen steht aus Sicht der Evolution die Erhaltung der Körpertemperatur im Vordergrund, unveränderlich und individuell genetisch eingraviert.

Unser Körper verfügt über unterschiedliche Speicherprogramme. Je nach Notwendig- oder Dringlichkeit kann der Mensch Luft so gut wie gar nicht speichern, Wasser etwa bis zu drei Tagen, Nahrung aber bis zu drei Wochen. Im Einzelnen umfasst dabei der Eiweißspeicher etwa zwei bis drei Kilogramm Muskeleiweiß, der Kohlenhydratspeicher ist je nach Trainingszustand eines Menschen auf 300 bis 400 Gramm eingerichtet, unser Fettspeicher aber ist unermesslich groß. Das hängt damit zusammen, dass Fette in unserem Körper vielfältigste Auf-

Bei Metabolic Balance gilt: Jede Mahlzeit mit dem eiweißhaltigen Lebensmittel beginnen, dann erst die Kohlenhydratfraktion verzehren.

gaben zu bewältigen haben, die vom Hormon- und Zellaufbau über mechanische Abpufferung als Baufette bis hin zum Brennstoff reichen. Fett gilt es also für Notzeiten unbedingt zu speichern. Diese Reserve- oder Vorratshaltung gehört zum Überlebensprogramm. Der Grund dafür: Unser Stoffwechsel und die Verdauung wurden zu einer Zeit programmiert, in der der Mensch noch häufig mit Perioden des Mangels, des Fastens und des Hungerns konfrontiert worden ist. Es existieren also sehr viele Programme, um Fett aufzubauen und um Fett zu sparen, um möglichst die Depots und die Reserven zu verteidigen und für Notfallzeiten bereit zu halten. Es gibt im Körper kein einziges Programm – selbst wenn wir uns dies sehr wünschen würden – das für die Gewichtsabnahme oder einen sparsameren Haushalt zuständig wäre. Hingegen gibt es viele Programme und viele Stoffwechselwege, mit denen der Körper versucht, Gewicht und Fett aufzubauen und Fett zu erhalten – für die schlechten Zeiten. Aber es gibt kein einziges Programm, das geeignet wäre, möglichst schnell und viel abzunehmen.

Bei Metabolic Balance findet die körpereigene Fettverbrennung von Anfang an statt.

Reihenfolge beim Abnehmen

Jedes Fasten oder Hungern löst im Gegensatz zum beabsichtigten Zweck im Körper ein Notprogramm aus. Werden nämlich durch eine geringere Kalorienzufuhr die Kohlenhydratspeicher angegriffen, schaltet der Körper auf ein Programm um, das ihn Zucker aus körpereigenem Eiweiß selbst neu herstellen lässt (Glukoneogenese), damit er für die Organe (Gehirn, Fortpflanzungsorgane sowie rote Blutkörperchen), die zur Energiegewinnung allein auf Glukose angewiesen sind, zur Verfügung steht. Dann wird gewissermaßen körpereigenes Eiweiß geopfert. Die Fettpolster werden etwas später ebenfalls abgebaut.

Hilfe in Sicht

Dieser Effekt wird bei Metabolic Balance wirksam umgangen. Es wird nämlich von Beginn an wenig Zucker und Eiweiß, sondern wirklich Fett verbrannt. Da Eiweiße und sinnvolle Kohlenhydrate mit drei täglichen, abwechslungsreichen Mahlzeiten zugeführt werden, erhält die Fettverbrennung genügend Feuer, und schlaffe Haut und Muskeln werden gänzlich vermieden. Durch die genaue, individuell bemessene Nahrungsmenge pro Mahlzeit, die es vor allem am Anfang maßgenau einzuhalten heißt, lernen Sie, Ihre Essensmengen richtig zu portionieren und Appetit von Hunger und Durst zu unterscheiden.

Bewegung muss sein

Sind die Muskeln zu schwach und untrainiert, verschwimmen die Konturen. Ein moderates Körpertraining erhält die Muskeln und beschleunigt sogar den Fettverlust bei der Ernährungsumstellung.

Bewegung senkt den Insulinspiegel. Metabolic Balance empfiehlt Bewegung ab der gelockerten Umstellungsphase.

In Gemeinschaft macht Bewegung noch mehr Spaß.

Ernährung für die Gene

Die »Bio-Software« zur Regulation unseres Stoffwechsels hat sich seit etwa 500 000 Jahren nicht verändert und ist in unseren Genen einprogrammiert. Jäger und Sammler schlugen sich früher als Laufwanderer durch. Je nach Jahreszeit und Jagdglück gab es dabei mal mehr mal weniger zu essen. Dabei wurden aber pro Tag etwa 20 bis 30 Kilometer zurückgelegt – ein Kalorienverbrauch, den es durch das entsprechende Essen auszugleichen galt. Fisch und Fleisch dominierten den Speisezettel unserer steinzeitlichen Ahnen, der Rest waren Früchte, Wurzeln, Gemüse und Pilze. Die Nahrung setzte sich also vor allem aus Eiweiß und Fett zusammen, nur zu einem Fünftel aus Kohlenhydraten. Erst seit ca. 10 000 Jahren wurde das Nomadenleben gegen ein sesshaftes eingetauscht, und der Mensch wurde zum Ackerbauer, der schwere körperliche Arbeit verrichten musste. Bei der Nahrungszusammenstellung verschob sich die Auswahl in Richtung der nun angebauten Getreideprodukte (Kohlenhydrate). Erstmals standen Kartoffeln, Mais und Reis in größeren Mengen zur Verfügung. Entwicklungsgeschichtlich war der Mensch demnach 99,5 Prozent der erdgeschichtlichen Zeit ein Jäger und Sammler und etwa 0,5 Prozent ein Ackerbauer – nur 0,005 Prozent betrifft den Zeitrahmen unserer heutigen Ernährungsweise.

Unsere heutige positive Energiebilanz steht im krassen Gegensatz zur negativen Energiebilanz der Jäger und Sammler. Heutzutage führen wir dem Körper täglich mehr Kalorien zu, als er durch Muskelarbeit verbraucht.

Die »neue« LOGI-Pyramide

Im Laufe der Evolution haben sich unsere Gene den Ernährungsbedingungen angepasst, die dem Jäger und Sammler entsprachen. Auf der Zeitschiene der menschlichen Entwicklungsgeschichte erscheint dabei ein Zeitraum von etwa 100 Jahren wie ein Lidschlag im Laufe eines Tages. So gesehen kann von einer physiologischen Anpassung an die sich bis heute rasant verändernden Ernährungsbedingungen keine Rede sein. Seit der industriellen Revolution kam es zudem zur Spaltung der Einheit aus Ernährung und Bewegung. Bis heute ist unser Stoffwechsel auf bis zu 80 Prozent tierisches Eiweiß sowie Fett programmiert, der Rest umfasst den sehr viel geringeren Anteil an Kohlenhydraten. Eiweiße und Fette bezogen unsere Urahnen dabei überwiegend aus Fisch und Fleisch und dem Knochenmark der erlegten Tiere. Die Kohlenhydrate fanden sie in Wurzeln und Früchten vor. Eine artgerechte Ernährung, die unseren Genen entspricht und damit dieser über Jahrmillionen entstandenen Körpertradition Rechnung trägt, zeigt das Bild der »neuen« LOGI-Pyramide. Den mengenmäßig größten Anteil enthält die unterste Stufe mit Obst, stärkefreiem Gemüse, zubereitet mit gesundem Öl. Die darauf aufbauende nächste Schicht sieht mageres Fleisch, Fisch, Milch- und Sojaprodukte, Eier sowie Nüsse und Hülsenfrüchte vor. Ihr folgen Vollkornprodukte,

Die artgerechte Ernährung des Menschen scheint nachweislich und nahezu unverändert in unseren Genen festgeschrieben zu sein.

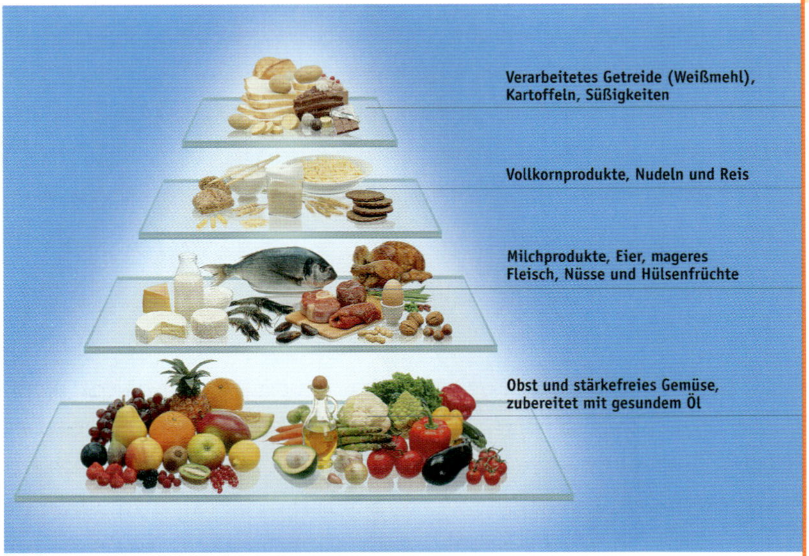

Die Pyramide zeigt, wie die tägliche Kost anteilsmäßig zusammengestellt sein sollte.

Nudeln und Reis, den mengenmäßig kleinsten Anteil umfassen verarbeitetes Getreide (Weißmehl), Kartoffeln und Süßigkeiten. Dies ergibt 45 Prozent Kohlenhydrate, 20 Prozent Proteine und 35 Prozent Fett.

Querdenkend auf den Kopf gestellt

Vollkornprodukte belasten den Insulinspiegel nicht so sehr wie Brot und Backwaren aus raffiniertem Mehl, da sie die Ballaststoffe aus den Randschichten des Getreidekorns enthalten.

Diese Ernährungspyramide wurde von Professor Ludwig von der Harvard Universität im Jahr 2002 entwickelt. Sie hat die der Deutschen Gesellschaft für Ernährung fast auf den Kopf gestellt. Und das aus gutem Grund. Wie bereits erläutert, sind es gerade die Mengen an Kohlenhydraten aus (ausgemahlenem) Getreide wie Brot, Nudeln, Kartoffeln und Müsli, die zu den beschriebenen Stoffwechselentgleisungen und der immer weiter steigenden Anzahl an Fettleibigen führen. Die Kohlenhydratmast treibt die Insulin- und Cholesterinspiegel in Schwindel erregende Höhen, und wie die Praxis zeigt, haben Vegetarier nicht selten gerade hier ihre Defizite: Häufig liegen bei ihnen ein Mangel an Aminosäuren sowie Blutarmut (Anämie) bei einem gleichzeitig völlig überhöhten Cholesterinspiegel vor, obwohl sie keinerlei cholesterinreiche Nahrung aufnehmen. Die »neue« Pyramide setzt also auf eine stärkere Gewichtung von Gemüse und Obst sowie auf die Aufwertung von pflanzlichen Ölen und Lebensmitteln tierischen Ursprungs. Vor allem raffinierte Getreideprodukte, Kartoffeln, Lebensmittel aus Weißmehl sowie Süßwaren verlieren zugunsten von Vollkornprodukten an Stellenwert.

Low Glycemic Index

Die LOGI-Pyramide hat ihren Namen nicht deshalb, weil sie so überaus LOGIsch zu einer den Genen entsprechenden Nahrung passt. Der Name bedeutet vielmehr Low Glycemic Index und bezeichnet Nahrung von niedrigem glykämischem Wert, also Lebensmittel mit niedriger Zuckerlast, die den Insulinspiegel des Körpers niedrig halten.

Grundlage für Metabolic Balance

Unter der Prämisse »alles in Maßen und wohl proportioniert« setzt Metabolic Balance seine Schwerpunkte bei der Erstellung der individuellen Ernährungspläne entsprechend der LOGI-Pyramide. In diesen führt es, der anderen Pyramide folgend, immerhin durchschnittlich 240 Gramm Glukose zu, von denen 100 Gramm vom zentralen Nervensystem verbraucht werden und etwa 10 Gramm auf den muskulären Verbrauch entfallen – wenn man berücksichtigt, dass ein heutiger Durchschnittsbürger noch etwa 600 Meter pro Tag läuft, und zwar vom Auto zum PC!

Gewohnheiten annehmen

Aus Vergleichen der Weltbevölkerung und der Erfassung von Ernährungsgewohnheiten sogenannter Urvölker weiß man, dass eher archaische Prinzipien der Nahrungsauswahl von großer Bedeutung für die Überlebenssicherung und Gesunderhaltung waren und bis heute sind. So konnte beobachtet werden, dass Inuit (Eskimos) trotz der Verzehrsmengen von Eiweiß und Fett durch Robbenfleisch weder erhöhte Cholesterinwerte und Übergewicht noch Osteoporose (etwa durch den Mangel an Milch) entwickeln. Wandern diese Inuit jedoch in die USA aus und passen sich den dort geltenden Ernährungsgepflogenheiten an, so entwickeln auch sie Übergewicht und in der Folge beispielsweise Diabetes Typ 2. Dies gilt natürlich auch für den Anstieg der Diabetikerzahlen bei anderen ethnischen Gruppierungen. Der Anteil von Diabetikern in ethnischen Gruppen, die noch nicht so lange an die westliche Ernährung angepasst sind, liegt sehr hoch. Bei Amerikanern afrikanischer Herkunft beträgt der Diabetikeranteil 12 bis 14 Prozent, während er bei den Aborigines, den Ureinwohnern Australiens, bei 20 Prozent und bei den Pima-Indianern, die sich »neuzeitlich« ernähren, bei etwa 30 Prozent liegt.

Der Energieverbrauch des Körpers ist abhängig vom Grundumsatz und der körperlichen Belastung. Die Energiebilanz eines Menschen sollte nach Möglichkeit immer ausgeglichen sein, um kein Übergewicht zur Folge zu haben.

Zucker in der modernen Kost

Jäger und Sammler ernährten sich fast nur mit Kohlenhydraten, die eine niedrige Zuckerlast aufwiesen. Diese eher langkettigen Zucker haben den Vorteil, lange zu sättigen. Sie lassen den Zuckerspiegel im Blut nur langsam ansteigen, und die Verstoffwechslung dauert entsprechend länger. Bei unserem heutigen Lebensmittelangebot sind die versteckten Zucker das Problem. Die Weltzuckerproduktion ist in den letzten 100 Jahren um das 100fache gestiegen, in den Industrieländern werden pro Kopf täglich 100 g Zucker verbraucht. Bei den Zuckern unterscheidet man Poly-, Di- und Monosaccharide (siehe S. 34). Dieser Auflistung sind noch die Zuckeraustauschstoffe hinzuzufügen. Auch sie regen die Insulinproduktion an und machen Appetit.

Dass ein Colagetränk zu rund 25 Prozent aus reinem Zucker besteht, ist schon relativ bekannt. Dass aber Ketchup 30 Prozent, Fertigmüsli 20 bis 30 Prozent, Fruchtnektar bis 20 Prozent und Kinder-Instanttees gar 96 Prozent Zucker enthalten, ist sicher vielen genauso neu wie die Erkenntnis, dass sich in 100 Gramm Ökogummibärchen Gelatine, Rohrzuckersirup und Maisstärke, ca. 77 Gramm Kohlenhydrate, verbergen. Auch der sogenannte gesunde Rohrzucker ist ein Zucker. Und auch die in Fertiggerichten oft deklarierte modifizierte Stärke gehört als chemisches Bindemittel zu den Zuckern, die sich mit Zahlen wie E1400/1430 maskieren können!

Langkettige Zucker (Polysaccharide) müssen bei der Verdauung erst in ihre Einzelbestandteile, in Einfachzucker, aufgespalten werden. Deshalb belasten sie den Insulinspiegel auch zeitverzögert. Zudem liefern sie Ballaststoffe.

Der glykämische Index

Kohlenhydrate werden von Pflanzen produziert. Sie stellen aus dem Kohlendioxid aus der Luft und dem Wasser aus dem Boden Glukose (Traubenzucker) und Sauerstoff her. Diese Glukose ist ein Einfachzucker und wird in Pflanzen tausendfach aneinandergehängt. So

Obst enthält von Natur aus eigenen Zucker und bedarf keiner weiteren Süßung.

entstehen Stärke, Faserstoffe, Zellulose und die sogenannten langkettigen Kohlenhydrate. Aufgabe unseres Körpers ist es, diese langkettigen Kohlenhydrate mit Hilfe der Verdauung wieder in Einfachzucker abzubauen. Denn nur ein Einfachzucker ist klein genug, um über die Darmwand ins Blut zu gelangen. Bei den kurzkettigen Kohlenhydraten ist wenig Verdauungsarbeit nötig, sie können sehr rasch ins Blut gelangen, wie etwa der Traubenzucker, der bereits ein Einfachzucker ist und hier gar keine Verdauungsarbeit nötig ist. Im Gegensatz dazu brauchen die langkettigen Kohlenhydrate sehr lange, bis diese Einfachzucker von den langen Ketten abgespalten werden, um dann endlich im Blut zu erscheinen. Je schneller Zucker im Blut erscheint, umso mehr Insulin muss von der Bauchspeicheldrüse produziert werden, damit der Zucker schnell in die Zellen geschleust werden kann. Kohlenhydrate mit sehr langen Ketten führen zu einer nur geringen Insulinausschüttung.

Ein Argument, das überzeugt: Zu viel Insulin im Blut fördert Übergewicht, weil das Hungergefühl stärker ist.

Glykämischer Index – glykämische Last

Der **glykämische Index (GI)** ist eine Zahl, die angibt, wie viel Glukose nach einer Testmahlzeit eines bestimmten Lebensmittels, die 50 Gramm Kohlenhydrate enthält, innerhalb von zwei Stunden im Blut nachzuweisen ist. Der Wert ergibt sich aus der Fläche unter der Blutzuckerverlaufskurve (siehe Abbildung). Die größte Fläche ergibt sich beim Traubenzucker, der sofort im Blut erscheint, weil er als Einfachzucker aus reiner Glukose besteht und nicht vorher verdaut werden muss. Der Wert für Traubenzucker wurde mit 100 festgelegt, der Wert für alle anderen Kohlenhydrate wird im Verhältnis zu Traubenzucker bestimmt.

Unser Stoffwechsel ist neben der Verwertung von Eiweiß und Fett auf Kohlenhydrate mit niedriger glykämischer Last programmiert; die dabei ausgelöste niedrige Insulinausschüttung bedingt eine lang anhaltende Sättigung. Kohlenhydrate mit einer hohen glykämischen Last führen zu raschem Blutzuckeranstieg, hoher Insulinausschüttung und folgendem Heißhungergefühl.

$$\text{Glykämischer Index} = \frac{\text{Fläche unter der 2-Std-Blutzuckerverlaufskurve der Testmahlzeit}}{\text{Fläche unter der 2-Std-Blutzuckerverlaufskurve von Glukose}} \times 100$$

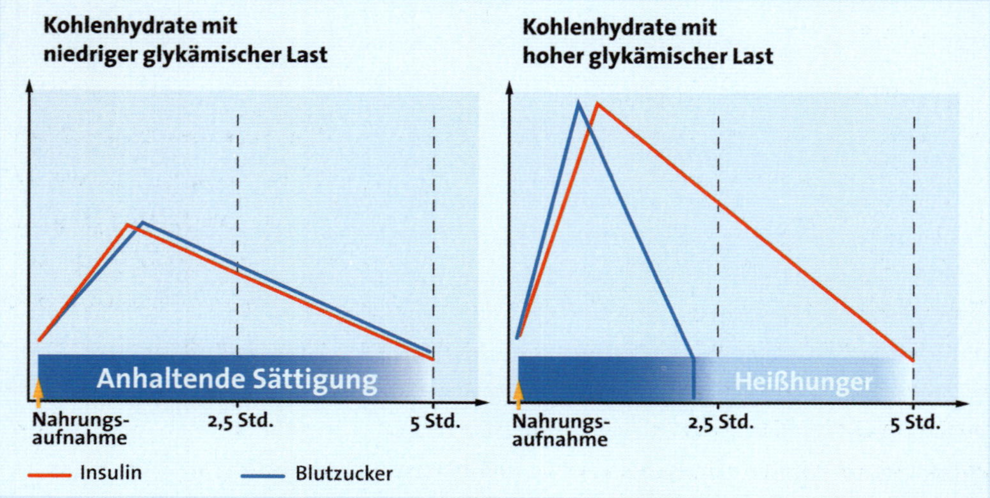

Empfehlenswert sind nach der sogenannten »Glyx-Diät« Kohlenhydrate mit einem Index unter 55. Hierunter fallen so vermeintlich gesunde Nahrungsmittel wie Möhren (GI = 85 wenn gekocht!), Melonen (GI = 60–75) und Kürbis (GI = 75). Der Grund hierfür ist, dass sich der glykämische Index nur auf den Kohlenhydratanteil des Lebensmittels bezieht. Der Kohlenhydratanteil einer Möhre beträgt etwa 5 Prozent, der Rest besteht aus Wasser und Ballaststoffen, die nicht aufgespaltet werden können. Der GI hat sich gut bewährt für wissenschaftliche und Laborzwecke, war aber ungeeignet, um Lebensmittel für eine gesunde Diät zu empfehlen. Um 50 g Kohlenhydrate aus Möhren aufzunehmen, müsste der Klient das 20fache, nämlich 1250 g Möhren essen. Besser geeignet hierfür ist der Wert für die **glykämische Last (GL)**, der sich auf die Menge des verzehrten Lebensmittels bezieht und nicht auf die Menge des Kohlenhydratanteils dieses Lebensmittels. Essen Sie also 100 Gramm Möhren, berechnet sich die glykämische Last aus dem GI multipliziert mit dem prozentualen KH-Anteil. Also berechnet sich ihre GL wie folgt:

Glykämische Last (gekochte Möhren) = 85 (GI) x 5 % = 4,25

Die glykämische Last für Traubenzucker entspricht dem glykämischen Index = 100, weil Traubenzucker zu 100 Prozent aus Kohlenhydraten besteht.

Hunger nach zuckerhaltiger Nahrung

Unserer über Jahrmillionen codierten Nahrungsaufnahme entsprechen neben ausreichend Eiweißen und Fetten vor allem Kohlenhydrate mit einer niedrigen glykämischen Last. Diese ermöglichen einen eher langsamen Insulinanstieg. In Folge entsteht eine lang anhaltende Sättigung von vier bis sechs Stunden. Im Gegensatz dazu verursachen Lebensmittel mit einer hohen glykämischen Last die allseits bekannten Heißhungerattacken. Bezogen auf entsprechende Lebensmittel aktiviert die Zufuhr von Nahrungsmitteln mit niedriger Zuckerlast eine moderate Insulinausschüttung. Die hohe Zuckerlast der Einfachzucker in Gebäck, süßen Getränken, Schokolade, Snacks und Obst mit hohem Glukoseanteil erzeugt einen hohen Insulinausstoß, der auch dann noch wirksam ist, wenn der Blutzucker bereits abgebaut wurde (Hypoglykämie). Heißhunger ist die Folge.

Schaltzentrale Pankreas

Heißhunger entsteht nicht, weil wir zu wenig essen, sondern weil der Insulinspiegel zu hoch ist.

Denken Sie zurück an den Ver- und Entsorgungskreislauf unseres Körpers (siehe S. 55 ff.) – dort tauchte bereits die Bauchspeicheldrüse im Zusammenhang mit dem als Schlüssel fungierenden Hormon Insulin auf, das Körperzellen wie Türen öffnen kann. Denn dieses Hormon wird in der in der Körpermitte gelegenen Bauchspeicheldrüse, dem Pankreas, gebildet. Aus Kopf, Körper und Schwanz bestehend, hat die Bauchspeicheldrüse nur eine Länge von 15 bis 20 Zentimeter und wiegt etwa 70 bis 80 Gramm. Das Leichtgewicht erfüllt dennoch zwei sehr wichtige Funktionen im Körper: In 24 Stunden produziert die Bauchspeicheldrüse immerhin 1 bis 1,5 Liter Verdauungsenzyme, die als Eiweiß-, Fett- und Kohlenhydratspalter entscheidende Vorarbeit für den Darm leisten. Diese Enzyme werden in den Darm abgegeben, damit sie dort ihren Aufgaben nachkommen können (also nach außen). Wir nennen dies auch die exokrine Funktion. Wird hier nicht richtig gearbeitet, entstehen Verdauungsstörungen unterschiedlichster Art. Die endokrine (nach innen ins Blut hin absondernde) Funktion hat mit ihrer Hormonproduktion zu tun. Die manchmal recht anschauliche, mitunter aber auch mechanistisch anmutende medizinische Fachsprache redet hier vom Inselapparat. Und tatsächlich scheinen z. B. die Insulin bildenden Zellen ähnlich wie Inseln im drüsigen Bauchspeichelgewebe zu schwimmen. Der Pathologe Langerhans gab diesen Inseln schon 1869 seinen Namen. Ein Blick in die Anatomie des Pankreas zeigt Schalt- und Endstücke sowie viele Ausführungsgänge, die den Begriff »Schaltzentrale« rechtfertigen.

Insulin und Glukagon

Das den Blutzucker senkende Insulin wird in den B-Zellen der Langerhans-Zellen zur Regulation des Kohlenhydratstoffwechsels gebildet und beeinflusst darüber hinaus auch den Fettstoffwechsel durch den Umbau von Kohlenhydraten in Fette. Kommt es hier zu Störungen, entsteht Diabetes Typ 2.

In den A-Zellen der Inselzellen entsteht mit dem Glukagon gewissermaßen der Antagonist des Insulins: Dieses Hormon wirkt blutzuckersteigernd. Die Zuckerverwertung des Körpers hängt also maßgeblich vom Zusammenspiel der beiden Zelltypen ab, als würde unser Körper (wie in der Umgangssprache üblich) signalisieren: »Wer A sagt, muss auch B sagen!«

Muskelglykogen kann nur im Muskel verbrannt und nicht ans Blut abgegeben werden.

Schuld am Übergewicht

Der Zentralschlüssel Insulin versorgt unsere Körperzellen mit Kohlenhydraten, Fetten und Eiweißen. Er hält die Waage zwischen Energiegewinn und -speicherung und hemmt die Freisetzung von Fett aus dem Fettgewebe. Das Zellwachstum wird durch ihn gefördert, weil Eiweiß aufgebaut wird. Den für den Moment nicht gebrauchten Blutzucker verwandelt Insulin in Glykogen, die Speicherform für Glukose (max. 300 bis 400 Gramm) sowie in Fettdepots (grenzenlose Speicher) um. Da das Insulin die Umkehr – nämlich den Abbau der Zucker- und Fett-Depots in verwertbaren Brennstoff – jedoch verhindert, ist es der Bösewicht unter den Dickmachern: Es trägt die überwiegende Schuld am Übergewicht!

Insulin muss im Gleichgewicht gehalten werden

Als Türöffner für Zucker in die Körperzelle hat Insulin auch Gift- und Schadstoffe im Schlepptau, die der Zellalterung nachweislich Vorschub leisten. So ist zu verstehen, dass es heute als das Hormon des schnellen Alterns bezeichnet wird. Wie ein Zuwenig dieses Schlüssels zur Zuckerkrankheit, sein Ausfall zum Tod führen kann (hyperglykämisches Koma), so wirkt sich sein Zuviel negativ auf nahezu alle anderen Körperhormone aus. Auch hier ist die körpereigene Homöostase demnach von entscheidender Wichtigkeit.

»Hormon des schnellen Alterns«

Zu viel Insulin verstärkt den Aufbau der Triglyzeride (Fette, die aus drei Fettsäuren gebunden an Glyzerin bestehen) und blockiert deren Abbau. Diese steigen beim Vorstadium des Diabetes mellitus noch vor dem Blutzucker an. Zudem erhöht Insulin die Neigung zu Blutgerinnseln durch Absenkung der Fibrinolyse, d. h., die Auflösung des Blutgerinnungseiweißes (Fibrin) verliert an Gewicht. Es lässt das ungute LDL-Cholesterin in der Leber ansteigen, ebenso die Stresshormone der Nebennieren. Dort unterdrückt es auch das DHEA, das Hormon, das den stärksten lebensverlängernden Effekt hat, immunaktivierend und cholesterinsenkend wirkt, den Fettabbau sowie den Muskelaufbau fördert und als »Mutter aller Geschlechtshormone« bezeichnet wird, weil es der Grundbaustein von Östrogen und Testosteron ist. Damit nicht genug: Zu viel Insulin senkt auch den Spiegel des Wachstumshormons HGH (»human growth hormone«), dem nachgesagt wird, *das* Schlankheits- und Jugendhormon überhaupt zu sein. Weiterhin steigt der Blutdruck an, und die Arterien verkalken. Kurz: Wir sehen ganz schön alt aus.

Im Gehirn gibt es keine Glykogenspeicher. Es ist auf Glukosezufuhr über das Blut angewiesen. Der Glukoseabbau im Gehirn ist unabhängig vom Insulin.

Schlaflos durch Insulin

Ein hoher Insulinspiegel raubt uns schließlich noch den Schlaf, weil er das dafür zuständige Hormon Melatonin beeinträchtigt. DHEA, HGH und Melatonin sind die wichtigsten Anti-Aging-Hormone. Vor allem sie geraten durch Fehlernährung aus ihrem natürlichen Gleichgewicht, was unter Umständen mit für das völlig fehlgeleitete Denken vieler Menschen verantwortlich ist, sich ihren Körper chirurgisch korrigieren zu lassen. In Deutschland sind das immerhin inzwischen jede dritte Frau und jeder fünfte Mann! Falten glätten und Fett absaugen lassen scheinen einfacher durchführbar zu sein als die selbstverantwortliche Veränderung des in die falsche Richtung laufenden Lebensstils. Auch hier tut die Werbung ihr Übriges, indem sie plastische Schönheitsoperationen, beispielsweise im Fernsehen, als ähnlich harmlos darstellt wie einen Besuch beim Friseur.

Schlimme Folgen

Die Folgen der Überernährung sind wissenschaftlich bis ins Kleinste demaskiert. Es scheint, dass es immer enger wird für Aufschubstrategien, Verleugnung oder schiere Bequemlichkeit. Der Körper greift, wenn es ihm zu süß wird, ohnehin zur Selbsthilfe. Befindet sich nämlich durch Fehl- und Überernährung laufend ein Zuckerüberhang im Blut, schützt er die Zellen, indem er deren Wände und die in ihnen vorhandenen Zuckertransportwege dezimiert. Die Zellen werden unemp-

Bei einer Insulinresistenz sprechen die Körperzellen nur mehr vermindert auf das Hormon Insulin an.

Eine basenreiche Ernährung fördert den gesunden Schlaf.

Insulinresistenz

Eine der Hauptaufgaben des Insulins ist, die Glukose aus dem Blutgefäßsystem in die Zellen zu bringen. Hierzu ist ein Transporteiweiß erforderlich, das die Glukose von der Zellmembran abholt und in die Mitochondrien, die Kraftwerke der Zellen, transportiert. Bei der Insulinresistenz verbrauchen die entsprechenden Klienten die drei- bis zu vierfache Menge an Insulin, um die Glukose in die Zellen einschleusen zu können. Wir wissen heutzutage ziemlich sicher, dass die Ursache in den hypertrophierten, also den übergroßen Fettzellen liegt. Dort wird TNF-a hergestellt, das dieses Transportprotein, das die Glukose von der Zellmembran in die Mitochondrien transportieren muss, vermindert. Adiponektin, ein anderer Mediator, der dieses Transportprotein (CLUT-4) aktiviert, wird in diesen veränderten Fettzellen weniger produziert.

HOMA-Index

Die Insulinresistenz kann mit dem sogenannten HOMA-Index (HOMA = »homeostasis model assessment«) berechnet werden. Zur Berechnung werden die Werte für das Nüchtern-Insulin (µu/ml) und die Nüchtern-Glukose (mmol/l) miteinander multipliziert; das Ergebnis wird durch 22,5 geteilt.

$$\textbf{HOMA-Index} = \frac{\textbf{Insulin (µu/ml) x Glukose (mmol/l)}}{\textbf{22,5}}$$

Eine Insulinresistenz liegt vor, wenn eines der folgenden Kriterien zutrifft:

1. HOMA ist größer als 4,65.
2. HOMA ist größer als 3,6, und der BMI ist größer als 27,5 kg/m².

Folgende klinische Zeichen sprechen für eine Insulinresistenz:

1. Der BMI ist größer als 28,7 kg/m².
2. Der BMI ist größer als 27,0 kg/m², und die Person hat erstgradige Verwandte (Eltern, Geschwister) mit Diabetes mellitus.

Folgender Laborwert spricht für eine Insulinresistenz:

Der Triglyzeridspiegel liegt oberhalb von 2,44 mmol/l (215 mg/dl).

Insulinresistenz-Check

Der Check ist mit dem HOMA-Index vergleichbar, aber einfacher und kostengünstiger durchzuführen.

	Wert	Punkte
Bodymass-Index (BMI)	> 26	1
Bodymass-Index (BMI)	> 30	2
Blutdruck (mm/Hg)	> 140/90	2
Nüchternplasmaglukose (mg/dl)	> 110	1
oder Nüchternblutzucker bei bestehendem Diabetes mellitus	> 100	2
Triglyzeridwerte (mg/dl)	> 230	1
Gesamt-Cholesterin (mg/dl)	> 230	1

Auswertung

0 Punkte = Eine Insulinresistenz ist unwahrscheinlich.

1–3 Punkte = Es besteht der Verdacht auf Insulinresistenz.

> 3 Punkte = Sichere Insulinresistenz! Sprechen Sie unbedingt Ihren Arzt darauf an.

Beim Verzehr von Kohlenhydraten mit hoher glykämischer Last steigt sofort nach dem Essen der Blutzuckerspiegel stark an, und es folgt eine hohe Insulinausschüttung. Danach kommt es rasch zu einem Blutzuckerabfall mit erneutem Heißhunger auf Süßes. Durch die anhaltende Insulinausschüttung entsteht anfangs nur ein erhöhter Insulinspiegel nach den Mahlzeiten, später auch während der nahrungsfreien Zeit. Insulin ist erforderlich, damit die Glukose aus dem Blut in die Körperzellen aufgenommen wird und in den Zellen zu den Mitochondrien weitertransportiert werden kann. Ist die Zelle mit Glukose überladen, werden die Insulinrezeptoren in der Zellmembran sowie die Transportproteine für Glukose in der Zelle zurückgebildet. Es besteht aber weiterhin eine Überzuckerung, die der Körper abzubauen versucht, indem er die B-Zellen des Pankreas stimuliert, noch mehr Insulin zu produzieren. So kommt es zu einem chronisch erhöhten Insulinspiegel, weil die Insulinsensitivität der Körperzellen nachlässt. Es entsteht die chronische Insulinresistenz mit all ihren Folgen für die anderen Hormone. Während eine kurzfristige Insulinerhöhung zu Hunger führt, macht eine länger anhaltende Insulinerhöhung satt. Bei bestehender Insulinresistenz verliert Insulin aber seine Rolle als Sättigungssignal, es folgt Heißhunger.

findlich gegen Insulin, die Medizin spricht von »Insulinresistenz«. Der Körper verbraucht ein Mehrfaches an Insulin, um den Blutzuckerwert konstant zu halten. Seine Wirkung aber, die bestimmungsgemäße Zellöffnung zur Zuckeraufnahme, verpufft und bleibt gestört. Es kommt zur Dauerinsulinerhöhung (Hyperinsulinämie) bei gleichzeitigem Verarbeitungsstopp für Zucker in der Zelle. Einem Urlauberstau auf der Autobahn gleich, stockt Insulin in der Blutbahn vom Kopf bis zu den Füßen! Bereits bei einem nur 10- bis 20-prozentigen Übergewicht haben die Patienten einen beständig hohen Insulinspiegel.

Unser Fettgewebe dient als Energiespeicher. Ein 75 Kilogramm schwerer Mann könnte etwa 70 Tage von seinem Depot zehren.

Körpertemperatur regeln

Das Angebot an Zucker, so scheint es, regelt die Natur autark, obwohl es im Jahreszeitenablauf saisonale Unterschiede gab und gibt. Der Herbst als Erntezeit ist von der Natur als das Schlaraffenland gedacht, das lange, dürre Winterzeiten diejenigen gut überstehen lässt, die sich Vorräte rechtzeitig zu sichern wissen. Viele Tiere haben uns Menschen schon vor Urzeiten gezeigt, was sie unter richtiger »Einkellerung« verstehen; wir modernen Menschen haben jedoch längst begonnen, den Herbst zur Dauerjahreszeit in puncto Angebot und Bevorratung zu erklären.

Vorräte anlegen

Obwohl wir nicht wie viele Winterschläfer zunächst frostsichere Winternester bauen müssen, legen wir genau wie sie immer größere Fettreserven an – wenn nicht im Keller, so doch im Bauchfett, wie ein Igel. Auch wenn uns tiefe Winterlethargie schon mal in regelrechte Winterstarre verfallen lassen kann, zeigt uns der kleine Igel, wie er im Schlaf dem Winter-Blues entgeht und dabei seine Frühjahrsfastenkur gleich mit erledigt.

Was haben Igel und Mensch gemeinsam?

Wie der Mensch, so ist auch der Igel ein Allesfresser. Im Frühjahr frisst er vorwiegend Schnecken, Würmer, Frösche, Mäuse und – seinen griechischen Namenswurzeln folgend, zuweilen auch Schlangen (»échinos« = Schlangenfresser). Im Herbst kommen reifes Obst, Beeren und Trauben hinzu mit einem hohen Traubenzuckergehalt, verglichen mit dem was der Igel ansonsten frisst, was zu einem hohem Insulinspiegel mit den bekannten Folgen führt. Sind seine Körpermuskelzellen dann pappsatt, gewinnt er Fett- um Fettschicht und wird allmählich dick und rund. Das macht ihn träger und auch müde. Seine Körpertemperatur sinkt immer weiter ab und gleicht sich fast der Temperatur seiner Winterhöhle an. Dadurch verlangsamt sich sein Stoffwechsel, seine Atmung und sein Herzschlag gehen bis auf ein Zehntel des Normalwertes zurück. Im Schlaf verringert sich hormonell seine gesamte Betriebsenergie. Bei fehlender Kohlenhydrataufnahme sinkt in Folge sein Insulinspiegel, was dazu führt, dass das Speicherfett wunderbar im Schlaf abgebaut werden kann.

Am schnellsten braucht der Mensch seinen Kohlenhydratspeicher auf, der gerade einmal einen Tagesbedarf an Energie abdecken kann.

Erholung im Schlaf

Wir Menschen warten bis heute vergeblich darauf, dass unsere Körpertemperatur von selbst den Stoffwechsel so drastisch drosselt, dass wir den Winter nicht nur verschlafen, sondern dabei auch noch wie von Zauberhand ganz automatisch schlank werden.

Gäbe es auch bei uns den Kälteweckreiz der Natur, bei dem beim Absinken der Außentemperaturen unter 6 °C dem Igel automatisch der Wecker gestellt wird, würden wir Menschen wohl auch früher aus unserer Dauerwinterspeckspirale aufgeschreckt. Ob uns das frische Frühjahr wohl dann genauso zu neuen Abenteuern locken würde?

Schlaf- und Ruhezeiten für den Verdauungstrakt

Dass die Medizin sich dem interessanten Phänomen solcher Erniedrigung der Körpertemperatur (Hypothermie) längst angenommen hat, sei kurz am Rande erwähnt. Die »artifizielle Hibernation« (künstlicher Winterschlaf) kühlt äußerlich (Kühldecken, Eisbeutel) und inner-

Die Verbesserungen des Stoffwechsels durch einen normalisierten Insulinspiegel lassen sich anhand von Blutparametern deutlich ablesen.

Richtige Ernährung vs. Metabolisches Syndrom

Die richtige Ernährung behebt das Metabolische Syndrom über diese Faktoren:

- **Normalisierung des Insulinspiegels**
- **Normalisierung des Hormonstoffwechsels mit langen Sättigungsphasen**
- **Gesund regulierender Gesamtstoffwechsel**

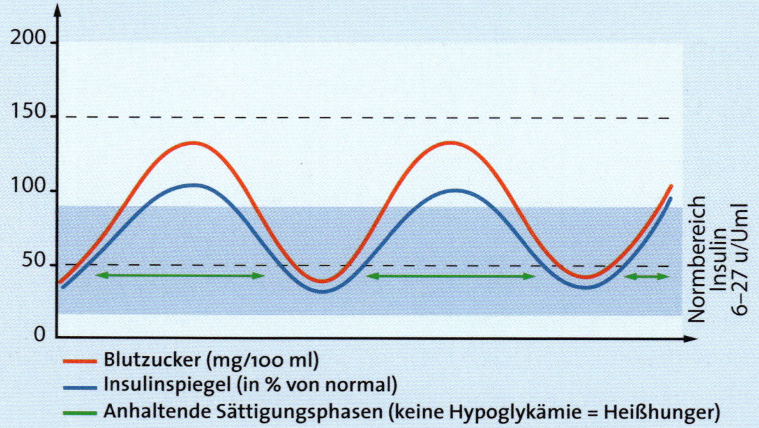

Direkte und indirekte Folgen des normalisierten Insulinspiegels

- Adrenalin ▼
- Kortison ▼
- Cholesterin ▼
- Triglyzeride ▼
- Fettabbau ▲
- DHEA ▲
- Melatonin ▲
- HGH ▲

Korrekte Selbstregulierung (= Gesundheit)

- Physisches Wohlbefinden ▲
- Psychisches Wohlbefinden ▲

lich (Kühlung des Blutes) den Menschen unter Narkose so ab, dass es zur Reduktion von Stoffwechsel- und Durchblutungsprozessen kommt, was manche chirurgischen Eingriffe notwendig machen können. Im Rahmen der Stoffwechselkur unter Metabolic Balance nutzen auch wir die Schlaf- und Ruhephase der Nacht zur Oxidation unseres Körperfetts. Damit dieser Mini-Winterschlaf auch ausreicht, ist es u. a. so wichtig, dass die letzte Mahlzeit nicht zu spät eingenommen wird, in unseren Plänen bis spätestens 21 Uhr; viele Patienten schaffen es sogar, bis spätestens 19 Uhr die letzte Mahlzeit des Tages verzehrt zu haben. Wir nehmen also tatsächlich das meiste Gewicht im Schlaf ab, weil da die größten Fettmengen verbrannt werden. Der Schlaf ist sozusagen unsere längste Fastenphase mit dem niedrigsten Insulinspiegel.

»Den seinen gibt's der Herr im Schlaf!«

Metabolic Balance: Fitnesstraining für die Bauchspeicheldrüse

Richtige Ernährung macht schlank und gesund. Auch eine bereits zugeschnappte Falle »Metabolisches Syndrom« lässt sich noch einmal öffnen. Metabolic Balance ist ein wahres Fitnesstraining für die Bauchspeicheldrüse, weil es dem Pankreas in abgewandelter Form zunächst eine Art Winterschlaf zur Regeneration anbietet. In den täglichen Fünf-Stunden-Essruhephasen können sich Insulinresistenzen zurückbilden, da die Produktion dieses Hauptstoffwechselhormons physiologisch gedrosselt wird. Auf diese Weise kommen die normgerechte Ausschüttung und ihre Auswirkungen auf alle anderen damit verbundenen Enzymsysteme ins Lot. Wie bei einem Ausdauertraining für den Bewegungsapparat, in dem Zug und Gegenzug der Muskeln das Funktionsprinzip darstellen, lassen sich Dysbalancen nämlich nur dann ausgleichen, wenn sich Trainings- und Ruhezeiten im Gleichgewicht halten. Auch hier schadet ein Zuwenig oder Zuviel gleichermaßen.

Metabolic Balance führt zum Gleichgewicht

Die Zufuhr einer beständig zu großen und zu süßen Menge an Lebensmitteln führt zur völligen Dysregulation einer unter permanentem Verdauungsstress stehenden Bauchspeicheldrüse. Die Folge ist die scheinbar nicht mehr regenerierbare Abnutzung und Erschöpfung ihrer Zellen. Dies führt zur Organüberlastung und dauerhaften Verabreichung von Medikamenten. Dieser metabolischen Entgleisung vorzubeugen, die Koordination der dem Pankreas zugeordneten Hormone wiederherzustellen und durch die richtige Ernährung physiologisch angepasst zu steuern ist eines der Ziele von Metabolic Balance.

60 bis 70 Prozent unserer aufgenommenen Kalorien verbraucht unser Körper, um seine Grundfunktionen wie Kreislauf, Atmung, Verdauung, aber auch Wärmeproduktion aufrechtzuerhalten.

Ruhepausen stärken den Organismus

Seit Urzeiten wechselt der Organismus aller Säuger beständig zwischen zwei Zuständen: dem der Arbeit (Sympathikus) und dem der Erholung (Parasympathikus). In Ersterem sind wir archaisch auf rasche körperliche Präsenz und Aktivität geprägt – also auf Angriff oder Flucht, d. h., die Muskeln, nicht die Verdauung erhalten Priorität. Die Erholungsphase beginnt automatisch mit Einsetzen der Nacht, ganz so, als würde im vegetativen Nervensystem ein Schalter umgelegt. Das Blut kehrt zu den inneren Organen zurück. Tagsüber verbraucht der Organismus sehr viele Hormone und Enzyme, um all seine Funktionen aufrecht zu halten. Nachts regeneriert er sich in der Ruhe. Diese großen Tag-Nacht-Schwankungen – tagsüber aktiv sein, nachts passiv – sind auch über den Tag verteilt so alle 1–2 Stunden nachzuweisen. Daher sollten wir jeweils nach dieser Zeitspanne eine 20minütige Pause einlegen, um diese Tagesschwankungen und Tagesrhythmen zu berücksichtigen. Wenn wir also beispielsweise 12 Stunden durchgehend unter Stress stehen und aktiv sind, können wird nicht richtig verdauen. Wir benötigen die kleinen Pausen zwischendurch, damit wir aus diesem Stressverhalten raus kommen.

Burnout wird abgewendet

Um einem solchen Burnout der Schaltzentrale Pankreas zuvorzukommen, d. h. dem metabolischen Kurzschluss zu entgehen, bietet Metabolic Balance einen geradezu betriebswirtschaftlichen Schlüssel an. Es senkt nämlich auf der einen Seite die körperlichen Energiekosten, um auf der anderen Seite das Kraftvermögen des Körpers durch ökonomischen Verbrauch zu erhöhen. Was der Igel und die eigene Körperökologie uns lehren, ist die Geschichte der notwendigen Pause, die wir auf alle kreativen Prozesse direkt übertragen können. In Ruhe- oder Pausenzeiten arbeitet unser Unterbewusstsein und findet oft Lösungen, zu denen unser Bewusstsein nicht in der Lage wäre. Mancher Geistesblitz hat hier seine Wurzeln. Dazu gibt es die schöne Geschichte vom Sägewerksbesitzer, der in zwei Gruppen aus Baumstämmen Bretter zurechtsägen ließ. Eine der beiden Gruppen war um 50 Prozent effektiver; der Sägewerksbesitzer fand heraus, dass diese dreimal am Tag die Säge für 20 Minuten abstellte und Pause machte. Während dieser Pause blieb einer zurück und schärfte die Sägezähne. Fazit: Mehr leisten durch mehr Pausen!

Etwas mehr Gelassenheit würde vielen Menschen gut tun. Auch wenn die Arbeit anstrengend und fordernd ist, sollte man nach Feierabend den Kopf durch Sport oder Yoga freimachen. Dies mobilisiert unsere geistigen Kräfte und schafft Abstand für neue Perspektiven.

Soziale Kontakte suchen

Ein wichtiger Schritt auf dem Weg zu mehr Wohlbefinden und Ausgeglichenheit ist auch die Pflege von sozialen Kontakten. Wer vom täglichen Trott ausgepowert ist, sollte sich eine regelmäßige Freizeitbeschäftigung suchen, die ihm wirklich Spaß macht – sei es der Besuch eines Tanzkurses, der Ausbau handwerklicher Fähigkeiten bei einem Töpferkurs oder das Ausleben des neuen Körperempfindens und der wieder entdeckten Energie bei einem Trommelkurs. Scheuen Sie sich nicht davor, sich für einen Kurs einzuschreiben. Oft sind die anderen Teilnehmer am Anfang auch etwas schüchtern, doch das Gruppengefühl stellt sich sicherlich bald ein.

Nach einer eingehenden Blutuntersuchung bekommen Sie Ihren individuellen Ernährungsplan – abgestimmt auf Ihre speziellen Bedürfnisse.

Wie funktioniert Metabolic Balance?

Nahrungsmittel und Körperchemie aufeinander abstimmen

Was ist Metabolic Balance?

Grundlage der Methode ist die Annahme, dass jeder Organismus in der Lage ist, alle für seine Funktionen erforderlichen Enzyme und Hormone selbst herzustellen. Er braucht dazu allerdings alle erforderlichen Baustoffe, die er über die Nahrung zuführen muss.

Das Metabolic Balance Programm erstellt aufgrund der persönlichen Angaben und der Laborwerte für jeden Teilnehmer einen individuellen Ernährungsplan, in dem genau die Lebensmittel enthalten sind, in denen diese Stoffe vorkommen. Die zweite wichtige Annahme ist die, dass wir der festen Überzeugung sind, dass jeder Körper in der Lage ist, Appetit auf Lebensmittel zu entwickeln, in denen genau die Stoffe enthalten sind, die der Körper jetzt braucht. Leider kam es im Verlauf der letzten Jahre dazu, dass viele Nahrungsmittel, die wir kaufen, die benötigten Mikronährstoffe gar nicht mehr enthalten. Künstliche Geschmacks- und Aromastoffe ersetzen mehr und mehr die natürliche Nahrung mit ihren so wichtigen aufbauenden Nährstoffen. Metabolic Balance nimmt uns anfänglich sozusagen die Aufgabe ab, selbst zu entscheiden, welche Stoffe wir momentan benötigen – die Blutanalyse gibt darüber genau Auskunft.

Mediziner und Heilpraktiker können Menschen ohne Masken sehen und erleben. Ihre Beobachtung ist vor allem darauf gerichtet, wie die Menschen als Ganzes sind.

Wie wirkt Metabolic Balance?

Durch Metabolic Balance steigt der Insulinspiegel nach dem Essen langsamer an, und es kommt nicht zu den allseits bekannten Heißhungerattacken. In den Pausen zwischen den Mahlzeiten kann dann mehr Fett verbrannt werden. Mit diesem ganzheitlichen Stoffwechselprogramm entscheiden Sie sich also zugleich für mehr Gesundheit, Vitalität und Lebensqualität! Mit der Stoffwechselumstellung kommt jedoch auch für unsere Sinne der Umschwung: Wir können uns

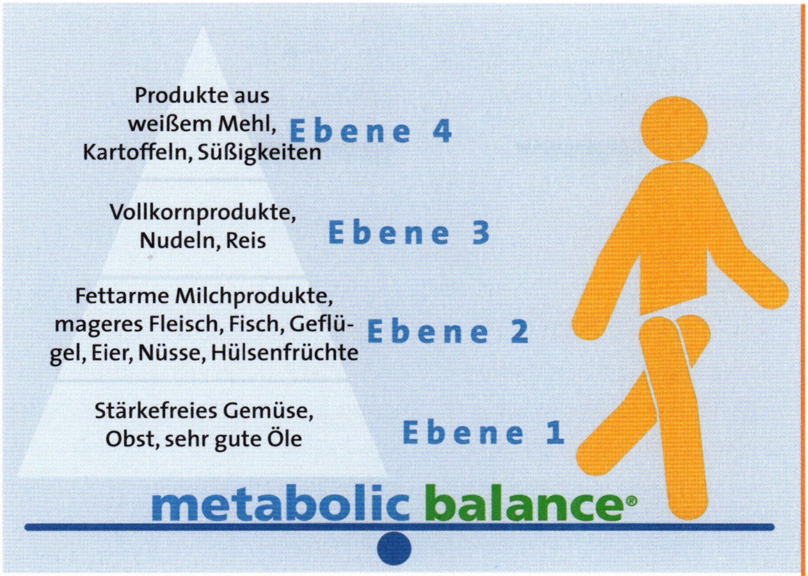

Mit einer Waage vergleichbar, bedingt eine aus allen notwendigen Nährstoffen bestehende Ernährung das individuelle Wohlempfinden.

wieder auf unseren Geruchs- und Geschmackssinn verlassen. Nach einigen Wochen gesunder und vollwertiger Ernährung wird es wieder leichter, in sich hineinzuspüren, was wir wirklich benötigen. Jetzt kaufen und essen wir wieder die Nahrung, nach der unser Körper verlangt und nicht die künstlichen Fertigprodukte, die gestern im Werbefernsehen angepriesen worden sind oder im Supermarkt strategisch geschickt platziert sind. Wir kommen weg von den äußeren Signalen, hin zu unserer eigenen inneren Stimme – denn eigentlich wissen wir selbst am besten, was gut für uns ist.

Unter www.metabolic-balance.com finden sich alle in Metabolic Balance ausgebildeten Betreuer in Deutschland, Österreich, der Schweiz und in Spanien.

Auf dem Weg zu Metabolic Balance

Am Anfang des Erfolgsprogramms Metabolic Balance steht die umfassende Sachinformation, die sich durch einen Vortrag, das Lesen dieses Buches und Gespräche mit einem Betreuer vermitteln lässt. Denn bereits im Vorfeld soll deutlich werden, dass Sie nur schlank sein und vor allem bleiben können, wenn Sie sich mit den zu Ihnen persönlich passenden Lebensmitteln ernähren. Hier soll der individuelle Stoffwechsel unterstützt und gesund erhalten werden, bzw. es geht, wie in den meisten Fällen, vorrangig darum, diesen erst einmal wieder zu normalisieren.

Vorabinformation

In der ersten Informationsveranstaltung ist ausgiebig Raum für alle mit der Gesundheit und dem Schlanksein in Verbindung stehenden Fragen. In den meisten Fällen werden die vielfältigsten Vorerfahrungen mit anderen Programmen geschildert: Das, worüber sich alle einig sind, ist häufig: Abnehmen fällt schwer, bedeutet Nahrungsverzicht, Einschränkungen und beschert keinen Dauererfolg. Gegen diese Negativbilder gilt es anzutreten. Da hilft nach unseren Erfahrungen zum einen die Einsicht in das völlig andere Vorgehen bei Metabolic Balance, zum anderen die Aussicht auf ein neues Lern- und Erfahrungsmodell zum Thema »Essen« überhaupt sowie die Teilhabe an den Erfahrungen anderer Metabolic-Balance-Teilnehmer. Bei den Vorträgen sind häufig Teilnehmer, die sich in den unterschiedlichsten Phasen ihres Programms befinden und gern darüber Auskunft geben. Besonders spannend wird es, wenn Teilnehmer zum Vortrag kommen, denen Diäten ein Graus sind. Doch sie sind da, weil sie nach wie vor für ihre Figur- und/oder Gesundheitsprobleme eine Lösung suchen. Die letzte Hürde, sich zu überwinden und sich abermals auf dieses Thema einzulassen, hat ihnen ein erfolgreicher Metabolic-Balance-Teilnehmer genommen. Und so wollen sie persönlich überprüfen, welche »Segnungen« ein Programm zu bieten hat, das (k)eine Diät ist.

Sie sind nicht allein: Beim Metabolic-Balance-Programm haben Sie die Möglichkeit, sich mit anderen Teilnehmern über Ihre Erfahrungen auszutauschen.

Schritt für Schritt an die Hand genommen

Der Kenntnisstand der Interessenten ist meist sehr weit gesteckt, was auch kein Wunder ist, vergeht doch kein Tag, an dem nicht wieder eine neue Diät das Blaue vom Himmel herunter verspricht. Sie sind alle gefordert, sich ihr eigenes Bild zu machen, von Metabolic Balance, von den Betreuern und von ihrem Vermögen, ihr Aussehen und ihre Gesundheit zu ihren eigenen Gunsten positiv zu verändern.

Übergewicht baut auf drei Säulen auf: falsche Ernährung, mangelnde Bewegung und eine fehlgeleitete, weil falsch konditionierte Psyche.

Aus Überzeugung handeln

Mit dem Entschluss zu dieser Methode entscheiden Sie sich gegen alle anderen – auch gegen alles bislang angehäufte Wissen zur Ernährung überhaupt. Das bessere Wissen schlägt das gute, das neue das alte. Der Naturheilkunde wird ja bis heute vorgeworfen, nur Erfahrungswissen statt experimentelle oder wirkstoffbezogene, wissenschaftliche Empirie zu sein. Zur Ernährung häufen sich die Kenntnisse aus Erfahrung – denn essen muss schließlich jeder. Die Folge? Jahr für Jahr erobern neue Trends und sogenannte neueste Erkenntnisse den Markt. Was sie bieten, ist vor allem Abwechslung in einer von Trends lebenden Zeit. Oft fehlen diesen gerade das aus Erfahrung gewachsene Wissen, und so deckt ihr Angebot wohl Breite, ganz sicher aber keine Tiefe ab. Vor allem die sogenannten Geheimtipp-Diäten zeichnen sich dadurch aus, dass alle Experten sind und folglich alle auch mitreden. Sie sind Projektionsflächen, die sich für Ängste und Wünsche hervorragend eignen. Ist es da verwunderlich, dass der Markt, den sie bedienen, unermesslich groß ist? Allein die Entscheidung, wieder etwas für sich selbst zu tun, kann ungeheuer befreien, weil sie vom Aussehens- und Gesundheitsdruck entlastet. Die Information ist also, wenn sie Interesse wecken konnte, im besten Falle auch entscheidungsfördernd. Wir sehen sie als »Warmlaufphase« an.

Selbstbewusstsein entwickeln

Natürlich hängt der Erfolg von jedem Einzelnen ab. Denn Metabolic Balance ist keine Wunderdiät, sondern ein vernünftiges Stoffwechselprogramm, das sich die Regeln der Natur zunutze macht.

Zum Schluss befassen wir uns auch damit, was uns daran hindert, das zu tun, was wir vielleicht als richtig erkennen. Im Wesentlichen hat sich dabei als Ursache Lethargie herauskristallisiert, die sich nach unserem Dafürhalten aus mangelnder Aufklärung und Verwirrung speist. Dagegen setzen wir fachliche und persönliche Aufklärung. Oft sind es aber auch Missverständnisse und durch Medien fehlgeleitete Vor(zeige)bilder, welche die sich ohnehin schon oft schwach fühlenden Dicken zu kleinen, wankelmütigen, ehrgeizlosen (Fr)essern machen, denen ganz einfach ein starker Wille fehlt. Schlechte Vorerfahrungen und Jo-Jo-Frust haben schließlich zur inneren Abkehr vom Thema »Abnehmen« geführt, und oft ist es der blanke Leidensdruck der Krankheit, der noch übrig ist. Deshalb ist es so wichtig, dass jeder Metabolic-Balance-Teilnehmer versteht, wie der menschliche Stoffwechsel funktioniert, um ihm von außen helfen zu können.

Nur wer verstanden hat, kann sein Leben selbst in die Hand nehmen und etwas ändern.

»Keine Zeit« – ein Argument?!

Schließlich sind wir auf falsche Prioritäten gestoßen, die manche Menschen in der Planung ihres Tagesablaufs setzen. In diese Kategorien gehört das Argument »Keine Zeit«. Dabei gehören Essen und Trinken zu den Grundbedürfnissen des Menschen. Essen soll nicht nur satt machen, sondern auch ein gutes Wohlgefühl vermitteln. Wer schon zu Tagesbeginn keine Zeit für ein kurzes Frühstück hat, startet mit ungünstigen Vorzeichen in den Arbeitstag.

Die ganze Familie kann von Metabolic Balance profitieren, auch wenn nur ein Mitglied bei dem Programm mitmacht. Denn die Erkenntnisse über gesunde Ernährung sind für alle vorteilhaft – ob jung oder alt, dünn oder dick.

Sinnvoller Plan

Manchmal fragt ein Teilnehmer im Laufe eines einführenden Vortragsabends auch, warum ein betreuter Ernährungsplan überhaupt sinnvoll ist. Es wäre doch viel sinnvoller, dem eigenen Körper zu vertrauen, dessen Weisheit könne schon den rechten Fingerzeig darauf geben, was der Körper braucht.

Darauf antworten wir, dass vitaminreiche, gesunde und natürliche Kost, wie Metabolic Balance sie favorisiert, auf jeden Fall für gesunde Teilnehmer passt, denen es lediglich um geringfügigen Gewichtsverlust geht. Sie profitieren bereits von einer Ernährung, bei der auf Lebensmittel mit geringer glykämischer Last geachtet wird. Das ist auch der Grund, warum manche Familienmitglieder von Metabolic-Balance-Teilnehmern sich gesund und leistungsfähig fühlen, seit sie auch an diesem veränderten Mittagstisch essen, ganz ohne eigenen Plan. Bestehen jedoch bereits Fettleibigkeit und echte gesundheitliche Probleme, hat der Patient nach unseren Erfahrungen den Kontakt zu seiner inneren Stimme schon lange verloren. Er hat falschen Süchten und schlechten Angewohnheiten schon vor langer Zeit nachgegeben und fühlt sich jetzt diesem Teufelskreis auf Gedeih und Verderb ausgeliefert. FdH-Versuche waren es jedenfalls nicht, die die fast durchweg zu großen Mengen zu minimieren geholfen hätten.

Individueller Ernährungsplan

Alle bisherigen mir bekannten Diäten haben eins gemeinsam: Sie empfehlen mit wenigen Unterschieden allen Teilnehmern die gleichen Nahrungsmittel und gehen nicht auf den jeweils individuellen Bedarf ein, den wir bei Metabolic Balance über die persönlichen Angaben und die Laborwerte ermitteln können. Betreuung fängt für uns deshalb schon mit dem Vortrag an. Wenn Sie nicht wissen, was Sie tun und warum Sie es so und nicht anders tun sollen, fehlt Ihnen die Einsicht, und Sie bleiben nicht lange dabei. Der Plan hat nicht die Regulierung Ihres Gewichts zum Ziel, sondern richtet sich auf die Wiederherstellung eines gesunden Stoffwechsels aus; die Gewichtsabnahme ist dabei ein Nebeneffekt. Ausnahmslos alle Diäten bringen nur Teilerfolge und dann den Jo-Jo-Effekt. Dieser Plan soll also korrigieren und das richtige Soll Ihrer Körperbilanz wiederherstellen. Dazu ist es wichtig, dass Sie ihn haargenau durchführen und seiner Einhaltung insbesondere in der strengen Phase sehr penibel nachkommen. Neben der genauen Einführung in den Metabolic-Balance-Plan selbst sieht die Betreuung Antworten auf Fragen und Hilfe bei möglichen Anfangshürden vor. Ihr Betreuer ist auch Ansprechpartner vor allem zu Beginn der Umstellungsphase.

Ihr Ernährungsplan fungiert wie ein Gesangbuch. Damit Sie nicht aus dem Takt kommen, womöglich zwischendrin einer anderen Melodie folgen oder einfach ins Stocken geraten, gibt es die sorgfältige Betreuung.

So wird's gemacht

Anhand des persönlichen Nahrungsplans und der in diesem Buch ab Seite 136 aufgeführten Rezeptbeispiele wird jeder Metabolic-Balance-Teilnehmer wieder Lust am Essen verspüren und dabei auf einfache Art und Weise abnehmen.

Metabolic Balance – der Ablauf

1. Vortrag/Gespräch/Buch Hier erfahren Sie umfassend die wichtigen Fakten, die zum Erfolg von Metabolic Balance führen.

2. Labor Es folgt die ausführliche Aufnahme Ihrer Krankengeschichte und Ihrer persönlichen Daten. Die Blutentnahme dient zur Erfassung Ihres Ausgangspunktes.

3. Ernährungsplan Entsprechend Ihren persönlichen Blutwerten wird Ihr individueller Computerplan erstellt, nach dem Sie sich ernähren sollen.

4. Ernährungsphasen

I. Zwei Tage Vorbereitung: Entschlackung zur Reinigung des Körpers
II. Strenge Phase: Umstellung des Stoffwechsels nach strengem Plan
III. Gelockerte Phase: Den natürlichen Geschmack der Kost erleben
IV. Erhaltungsphase: Den neu erlernten Essensrhythmus beibehalten

Die wesentlichen Dinge im Leben sind ganz einfach und kommen, wie die Ernährung auch, ohne kompliziertes Beiwerk aus.

Krankengeschichte und Blutbestimmung

Dem Vortrag folgt der Termin für die Aufnahme der Krankengeschichte (Anamnese) in der Praxis. Hier wird der Klient und zukünftige Metabolic-Balance-Teilnehmer nach Art, Beginn und Verlauf etwaiger aktueller Beschwerden befragt, nach seinen persönlichen Daten (Alter, Körpergröße, Geschlecht), zum aktuellen und gewünschten Gewicht, zur etwaigen Medikamenteneinnahme sowie zu Vorlieben und Abneigungen in puncto Ernährung. Nach dieser Erhebung der Daten folgt die Nüchternblutabnahme zur Bestimmung der für die Stoffwechselkur relevanten Laborparameter. Dieses äußerst umfangreiche Profil beinhaltet stoffwechselrelevante Werte sowie das Große Blutbild.

Computergestützter Plan

Der anschließend im Metabolic-Balance-Institut erstellte, computergestützte Plan sieht zur Durchführung vier ineinandergreifende Phasen vor. Allen vier Phasen liegen Grundregeln zugrunde, die für alle Teilnehmer gleichermaßen gelten (siehe Kasten unten).

Phase 1: Vorbereitung

Die vier Phasen gliedern sich folgendermaßen auf: Die erste Phase ist das Warming-up für den Körper. An diesen zwei Vorbereitungstagen wird entschlackt und abgeführt, wie Sie das von den üblichen Fastenkuren in der Vorbereitungsphase kennen.

Metabolic Balance versteht »ernähren« im ursprünglichen Wortsinn als »genesen machen«. Im Lexikon wird sogar von »retten; durch Nahrung davon kommen lassen« gesprochen.

Phase 2: Strenge Umstellung

Die zweite Phase ist der Einstieg in die strenge Zeit der Umstellung. Hier gilt es, sehr diszipliniert vorzugehen, um den Grundstein für den Erfolg zu legen. Bereits in den ersten Tagen stellt sich der Körper auf den neuen Rhythmus ein. Der morgendliche Blick auf die Waage, aber auch in den Spiegel, aus dem schnell hervorgeht, wie günstig die Entlastung zur inneren und äußeren Klärung beiträgt, sind intensive Motivatoren. Am augenfälligsten für alle Beteiligten ist dabei, wie

Metabolic-Balance-Grundregeln

- **Täglich drei Mahlzeiten**
- **Jede Mahlzeit mit dem Eiweiß beginnen**
- **Fünf Stunden Pause zwischen den Mahlzeiten**
- **Die letzte Mahlzeit vor 21 Uhr**
- **Täglich mindestens zwei Liter Wasser trinken**

Lymphstauungen im Gesicht, an Hals und Extremitäten verschwinden und wie vorherige Unbeweglichkeit körperlicher Leichtigkeit und echtem Energiegewinn blitzschnell Platz macht. Innerhalb kürzester Zeit gelingt es, den vorher viel zu geringen Flüssigkeitsanteil durch richtiges Trinken von angemessenen Mengen zu erhöhen. Der natürliche Durst stellt sich wieder ein, und für alle Teilnehmer wird fühlbar, was es heißt, durch die entsprechende Flüssigkeitszufuhr auch geistig wieder fit zu werden.

Der Schlaf verbessert sich zugunsten tieferer, erholsamerer und auch kürzerer Schlafzeiten; viele berichten, dass das lästige 3-Uhr-Aufwachen völlig verschwunden sei. Und die Energietiefs nach dem Mittagessen gehören ebenfalls bald der Vergangenheit an. Hier zeigt sich die Qualität dieser konsequent strengen Phase, denn durch solche Erfolgserlebnisse angespornt, fällt es leicht, die anfängliche Disziplin aufzubringen. »Was ist schon solches anfängliche ›Unterwerfen‹ unter einen derart erfolgreich unterstützenden Plan«, meinte eine meiner Teilnehmerinnen, »gegen den schlechten Schlaf der vergangenen fünf Jahre und den völligen Energieverlust, der mich mindestens genauso lange in Schach gehalten hat. Dass es derartige Erfolge so schnell gibt, konnte ich mir vorher nicht vorstellen.«

In dieser Phase sind regelmäßige Beratungen von hohem Nutzen. Nicht nur, dass noch ausstehende Fragen zu klären sind, die Teilnehmer können vielmehr in einer ihren Unterlagen beigefügten Tabelle neben Gewicht und veränderten Umfangsmaßen auch alle Befindlichkeitssignale protokollieren. In Einzelfällen rege ich das Führen eines Tagebuches an, auch um Körperreaktionen zu erfassen, die neu und anders sein können – vor allem wenn Medikamente reduziert, bzw. abgesetzt wurden. Mitunter sind auch regelmäßige Blutdruck- und Blutzuckerkontrollen angezeigt, manchmal treten weitere, unter Umständen sehr persönliche Veränderungen auf, die hier ebenfalls

Die positiven Ergebnisse der ersten Tage sind Motivation, um sich ausführlich mit dem Thema »Essensauswahl und Wohlbefinden« zu befassen.

Platz finden. Die Rückkoppelung an den begleitenden Betreuer hat auch den Charakter einer moralischen Stütze, die einige Teilnehmer vor allem am Anfang brauchen. Daneben gilt es, routinemäßig den Blick für mögliche Abnahme-»bremsen« zu schulen. Dazu können etwa die nicht richtig eingehaltenen Mengen der Mahlzeiten, eine zu geringe Trinkmenge oder auch fehlender Stuhlgang zählen. Vor allem Teilnehmern, die vor Metabolic Balance hartnäckig mit Obstipation zu kämpfen hatten, zeigt deren Normalisierung in der Regel die erfolgte Stoffwechselumstellung treffsicher an.

Eine dauerhafte Verbesserung kann nur dann gelingen, wenn es zu einer Veränderung nicht nur der Ess-, sondern vor allem der Lebensgewohnheiten kommt.

Fünf Stunden Nahrungskarenz

Meist ist es die Fünf-Stunden-Pause, welche die Metabolic-Balance-Teilnehmer anfangs als gewöhnungsbedürftig empfinden und die für Erklärungsbedarf sorgt – verlangt sie doch von den Teilnehmern nicht nur eine körperliche, sondern auch eine mentale Umstellung. Denn oft sind es schlechte Angewohnheiten oder schlichte Gedankenlosigkeit, die über eine lange Zeit hinweg dazu geführt haben, dass wir den ganzen Tag über immer irgendetwas essen (meist etwas Falsches). So berichteten einige Teilnehmer, dass ihnen erst mit Beginn der strengen Phase aufgefallen sei, dass sie, wie die Eichhörnchen, an den unterschiedlichsten Plätzen zu Hause und am Arbeitsplatz irgendwelche, meist süße Vorräte gebunkert hätten. Mehrfach am Tag trug ein Vorbeispazieren an diesen Hamsterreserven dazu bei, sich gleichsam im Vorübergehen eine kleine Süßigkeit einzuverleiben. Bei den von Metabolic Balance vorgeschriebenen drei Mahlzeiten und der Fünf-Stunden-Essenspause kommt über die Nahrungsmittel mit niedriger Zuckerlast kein Hunger auf. Wie unterschiedlich sich die beiden Essverhalten auf den Körper auswirken, zeigen Blutzucker- und Insulinwerte im Tagesverlauf: Bei pausenlosem Essen wird das Fettgewebe geradezu verkorkt, weil seine Verbrennung nur einen kurzen Moment lang stattfinden kann. Bei beiden Essgewohnheiten steigen nach einer Mahlzeit Zucker und Insulin im Blut an, und erst wenn beide wieder abfallen, geht die Fettschleuse auf, und Fett wird verbrannt.

Erst Eiweiß, dann Kohlenhydrate

Darüber hinaus ist es schließlich wichtig, dass Sie die angegebenen Mengen des Ernährungsplans in seiner Verknüpfung aus Eiweiß zu Beginn mit anschließend nachfolgenden Kohlenhydraten genau einhalten – auch unterschreiten sollten Sie die Mengen nicht. Die Kohlenhydrate und Eiweiße entfachen im Körper ein Feuer, in dem dann die Fette sehr gut verbrennen können. Es ist also erforderlich, dass wir Kohlenhydrate und Eiweiße in einer richtigen Dosierung aufnehmen, damit wir überhaupt Fett verbrennen können. Lassen wir eine Mahlzeit aus, kann kein Feuer entstehen, und es verbrennt weniger Fett. Oder essen wir nur kleinere Portionen, dann entsteht eben nur ein kleineres Feuer, und es kann weniger Fett verbrannt werden. Biochemisch ist dies mit dem in der Wissenschaft gut bekannten »Zitronensäurezyklus« zu erklären. Man könnte ihn auch als Feuerzyklus bezeichnen, in dem im Feuer der Kohlenhydrate und Eiweiße das Fett verbrannt wird. Er belegt, dass es tatsächlich Eiweiße und Kohlenhydrate sind, die in entsprechender Menge die Grundlage unserer Ernährung bilden. Ohne Eiweiß und Kohlenhydrate hat Fett nicht genug Brennstoff. Die in jedem Plan individuell berechneten Essensmengen sind deshalb unabdingbar; fehlt nur ein Bestandteil oder gar die ganze Mahlzeit, brennt das Fettfeuer schwächer. Bei manchen Menschen scheint es gar komplett erloschen. Interessanterweise spiegeln sich solche biochemischen Vorgänge auch in der Umgangssprache: Sie beschreibt den gedrungenen, untersetzten Körpertyp (Pykniker) meist als leblos wirkenden Menschen, dem vor allem das Feuer fehlt.

Eine ausführliche Ernährungsberatung ist immer mit Lebensberatung gleichzusetzen.

Bewusst genießen und dabei gesund werden.

Phase 3: Gelockerte Umstellungsphase

Übergewichtige können sich nicht mehr auf ihre inneren Signale verlassen. Sie spüren das Gefühl von Hunger oder Sättigung nicht mehr.

Nach frühestens 14 Tagen in der zweiten Phase, meist aber nach einer längeren Zeit bis zum Erreichen Ihres Wunschgewichts, geht es dann in Phase 3. Sie heißt gelockerte Umstellungsphase und sieht zwar die weitere Einhaltung des Plans vor, lockert jedoch das »Korsett« etwas, da experimentelle Ausflüge gewissermaßen als Regelverstöße erlaubt sind. Hier ist, zunächst beschränkt auf eine Mahlzeit, Ausprobieren angesagt und auch erwünscht. Wie die Praxis zeigt, versuchen die meisten Teilnehmer ihre vorherigen Lieblingsmahlzeiten zu testen. Die Beschränkung auf nur eine Mahlzeit hat den Vorteil, dass für den Teilnehmer kontrollierbar bleibt, wie seine Reaktionen darauf ausfallen. So sind es in der Regel die weniger günstigen Kohlenhydrate wie Nudeln, Reis, Brot und Brötchen, aber auch Spätzle, Kekse, Müsliriegel, Kuchen und Eis, die hier probiert und auf Verdauungstauglichkeit ganz neu geprüft werden. Hinzu kommt auch der Alkohol in

Feinschmecker sind offen für neue Geschmackserlebnisse – ganz ohne Reue.

Form von Bier oder Wein. Und da alle Menschen Individuen sind, so ist auch die Bandbreite der Erfahrungen in dieser Phase individuell verschieden und beinahe unbegrenzt in all ihren Variationen. Auf einen Nenner gebracht: Freuen Sie sich auf Überraschungen, die Ihnen in dieser Phase von Metabolic Balance begegnen. Es kann nämlich durchaus sein, dass Altvertrautes Ihnen Langeweile beschert oder Lebensmittel, die Sie in der Rückschau besonders verklärt haben und auf die Sie sich in dieser Phase nun stürzen, Ihnen nicht mehr schmecken, geschweige denn bekommen.

Selbstdisziplin fängt im Kopf an. Wenn wir verstehen, was in unserem Körper vorgeht, fällt es uns leicht, uns an die Regeln zu halten.

Natürliches Geschmacksempfinden

Allen Teilnehmern gemeinsam ist jedoch die Hinwendung zum unverfälschten Geschmack. Der Luxus frischer, im Kern gesunder und natürlicher Lebensmittel hat die Geschmacksknospen mittlerweile wieder zum Leben erweckt, und schnelle Kost, Geschmacksverstärker & Co., Einheitsbrei und Fastfood gehören nun der Vergangenheit an. Warum? Weil der Körper postwendend meldet, wie es ihm nach jeder Mahlzeit geht. Der innere Wahrnehmungsfilter ist durch Metabolic Balance blankgeputzt. Eine meiner Teilnehmerinnen sagte mir: »Wenn ich jetzt sündige, weiß ich wenigstens ganz genau, wofür ich dann unter Umständen mit Völlegefühl, Schlafproblemen oder Verdauungsproblemen büßen muss. Ich kann jetzt vorher entscheiden, ob ich diese Konsequenzen tragen will oder nicht. Jetzt ist Wissen an die Stelle von Jammern getreten!« Viele Teilnehmer berichten, dass sich jetzt ihre Geschmacks- und Geruchsempfindungen deutlich verbessert haben. Sie haben Appetit bekommen auf Dinge, die nicht im Plan stehen. Jetzt dürfen sie wieder Nahrungsmittel essen aufgrund ihrer inneren Signale. Das Schöne ist nun, dass jetzt sehr viele Teilnehmer bemerken, wie wohl sie sich fühlen und wie fit sie sind. Manch einer konnte sogar schon Medikamente reduzieren. Viele Teilnehmer entwickeln in dieser Phase nun ein ganz neues Selbstwertgefühl und Vertrauen, auch in die eigenen Heilungskräfte des Körpers.

Schummeltage

Lecker essen und mal schlemmen – darf man das? Wir sind uns sicher: Schlemmen kann keine Sünde sein! Und darf es auch nicht, denn schließlich dient das Essen natürlich nicht nur dazu, uns vor dem Verhungern zu bewahren, sondern es ist auch ein hoher Lust- und Kommunikationsfaktor dabei. Deshalb sind wir der Meinung: Schummeltage dürfen sein. Zu diesen selbst gestrickten Schummelmahlzeiten gibt es im wahrsten Sinne des Wortes bei Metabolic Balance noch das offizielle Sahnehäubchen obendrauf: das sogenannte Schlamperprogramm, das wir mit eigenen Vorschriften versehen und dann verordnen, wenn es darum geht, in einer langen, strengen Phase den Stoffwechsel nochmals auf Touren zu bringen. Manchmal ist es nämlich so, dass die Gewichtsabnahme in dieser Phase etwas zäh verläuft und der Körper sich auf ein bestimmtes Niveau eingependelt hat. Die Schummeltage stehen zweitägig jeweils am Anfang und Ende einer ansonsten streng verlaufenden Woche nach Plan. Ohne Mengenbeschränkung, ohne Fünf-Stunden-Pause, dafür mit Nudeln, Kartoffeln und sogar Wein und Desserts (tatsächlich mit Sahne); ein leichter, vorübergehender Gewichtsanstieg ist dabei durchaus gewollt. In der nachfolgend wieder strengen Phase nach Plan baut sich das Gewicht dann besonders schnell und leicht wieder ab. Die Erfahrungen sind auch hier durchaus unterschiedlich und sehr spannend. Oft bilden die Schummeltage den Abschluss von Phase 3.

Der natürliche Hunger soll fortan unsere Essensaufnahme bestimmen, nicht die Werbung und der Gruppenzwang.

Phase 4: Erhaltungsphase

Die anschließend beginnende Erhaltungsphase läutet den dauerhaften Zeitraum ein und stellt die Grundregeln auf, die den Dauererfolg von Metabolic Balance sichern und einen Jo-Jo-Effekt unmöglich machen – vorausgesetzt, sie werden eingehalten und beibehalten. Denn der einmal erlernte und als entlastend empfundene Rhythmus wird nun lediglich als neuer Standard fortgeführt. Das Halten des Gewichts wird zum Kinderspiel. Alle bisher neu gewonnenen Erkenntnisse zur Ernährung selbst und zu den damit in Zusammenhang stehenden körperlichen Prozessen lassen sich nun ohne Aufwand in den normalen Tagesablauf integrieren. Die vormals gelernten Regeln sind Ihnen so in Fleisch und Blut übergegangen, dass Sie am üblichen Essensprocedere – sei es im Lokal oder in der Kantine – problemlos teilnehmen können.

Gutes Körpergefühl

So berichten zahlreiche Langzeit-Metabolic-Balancer, dass auch vormals als allergisierend eingestufte Lebensmittel wieder toleriert werden. Richtschnur all dieser Ernährungsexperimente ist und bleibt das gute Körpergefühl der Teilnehmer, ihr Energieniveau, kurz: ihr Wohlgefühl – und natürlich die Stabilität ihres Gewichts. Die gelockerte Phase ist ebenso wie die Erhaltungsphase ein spannendes Experimentierfeld, das dem Körpergefühl wieder eine deutliche Stimme verleiht. Eine Nacht mit schlechtem Schlaf, vermehrtem Schwitzen und dem alt vertrauten Aufwachen gegen 3 Uhr morgens (Leberzeit), Heißhunger bei Tag, Sodbrennen, aufgeblähter Bauch, Lustlosigkeit, Energieverlust, Niestiraden, Asthma bronchiale und Migräne sprechen als Signale schon lange zu uns. All diese Symptome sind nicht schicksalshaft: Sie fallen uns zu wie Puzzlesteine eines (Stoffwechsel)-Bildes. Jetzt sind wir dazu aufgerufen, das Puzzle neu zusammenzusetzen. Metabolic Balance bietet Ihnen dazu einen neuen Spielplan an: Lassen Sie sich animieren zu mehr Gesundheit und Vitalität sowie der damit einhergehenden dauerhaften Gewichtsregulation.

Wie die Magnetnadel im Kompass die Richtungen zunächst rundum abschreitet und bemisst, um dann die Himmelsrichtung festzulegen und zu bestimmen, so hilft der persönliche »Lebensmittelkompass« Metabolic Balance den Teilnehmern dabei, mögliche persönliche Engstellen der vielen »Nahrungsmittelgebirge« zu erkennen und mühelos zu umgehen.

Die Ernährungsumstellung

Die praktische Umsetzung der Metabolic-Balance-Empfehlungen im Alltag erfordert von jedem Teilnehmer Offenheit für eine neue Methode und den Willen, sich dem Plan anzuvertrauen.

Die Grundregeln sind einfach und gut zu merken. Denken Sie daran, wenn Sie abends vor dem Fernsehgerät zu einer Tüte Chips greifen wollen.

Ein typischer Mahlzeitenplan

Der dargestellte »Essensfahrplan« sieht jeweils drei Vorschläge für Frühstück, Mittag- und Abendessen zur Auswahl vor. Je nach Vorliebe oder auch Durchführbarkeit lässt sich so die tägliche Menüzusammenstellung ermitteln. Unsere fiktive Teilnehmerin, die wir Martina Mustermann tauften, soll, da sie etwa acht bis zehn Kilo-

Metabolic-Balance-Planbeispiel

Frühstück	**Vorschlag 1** 85 g Putenbrust 100 g Gemüse	**Vorschlag 2** 200 g Naturjoghurt 1 Sorte Obst	**Vorschlag 3** 2 Eier 100 g Gemüse
Mittagessen	**Vorschlag 1** 125 g Fisch 130 g Gemüse	**Vorschlag 2** 125 g Geflügel 130 g Gemüse	**Vorschlag 3** 80 g Käse 130 g Gemüse
Abendessen	**Vorschlag 1** 90 g Bohnen 140 g Gemüse	**Vorschlag 2** 135 g Fisch 140 g Gemüse	**Vorschlag 3** 135 g Geflügel 140 g Gemüse

gramm Gewicht verlieren will, die dort angegebenen Mengen für jede ihrer Mahlzeiten abwiegen. An einem typischen Montag ihrer strengen Phase startet sie z. B. mit Vorschlag 2. Der sieht für die Eiweißaufnahme 200 Gramm Naturjoghurt vor, dem sie aus ihrer Liste Obst, z. B. 160 Gramm frische Mango, zufügt. Dazu trinkt sie zwei Tassen Kaffee. In den jeweils fünf Stunden Pause bis zum Mittag- bzw. Abendessen trinkt sie ausreichend Wasser; sie soll auf drei Liter kommen. Zum Mittagessen hat sie sich 125 Gramm Putenbrust mit ins Büro genommen. Diese ist in Gemüsebrühe vorgegart, und sie isst sie kalt als klein geschnittenen Braten. Dazu gibt es 130 Gramm Gemüse, bei ihr sind das 80 Gramm Avocado und 50 Gramm Rucola. Die Avocado streicht sie auf eine Scheibe Roggenknäckebrot. Als Dessert isst sie einen Apfel und gönnt sich einen Kaffee ohne Zucker. Da sie Fisch erst für die Mitte der Woche vorgesehen hat, kombiniert sie am Abend ihre 140-Gramm-Portion Gemüse (Blumenkohl, Fenchel, Kohlrabi, mit 2 Esslöffeln Zwiebeln in Brühe gegart) mit einem Omelett, bestehend aus 2 Eiern. Sie tauscht also 2 Eier gegen die im Plan vorgesehenen 135 Gramm Fisch. Aus dem Einführungsgespräch und mit Blick auf ihre Zusatzliste weiß sie, dass sie das tun kann. Am Abend sind die Portionen in allen Plänen reichlicher bemessen, ein den meisten Teilnehmern vertrauter und angenehmer Effekt – denn Fett verbrennt im Feuer der Eiweiße und Kohlenhydrate, und zwar dies um so mehr, je länger die Essenspause nach der letzten Mahlzeit bis zur nächsten am Morgen andauert und je mehr Ruhe der Körper über Nacht zur Fettverbrennung hat.

Innerhalb des persönlichen Plans sind auch einige Verschiebungen und Austauschaktionen erlaubt. Hauptsache, Sie halten sich an die erlaubten Mengen.

Persönliche Zusammenstellung

Am Beispiel von Martina Mustermann wird ersichtlich, wie einfach ein solcher Leitfaden durch die verschiedenen zu kombinierenden Lebensmittel ist. Er unterscheidet bereits im Vorfeld die jeweils vorgesehe-

Beispiel für eine persönliche Nahrungsmittelauswahlliste

Gemüse	Artischocke, Aubergine, Avocado (80 g), Blattsalat, Blumenkohl, Chicorée, Chinakohl, Eissalat, Endiviensalat, Fenchelknolle, Gartenkresse, Gewürzgurken, grüne Bohnen, Grünkohl, Gurken, Kohlrabi, Kopfsalat, Kresse, Porree, Lollo Rosso, Löwenzahnblätter, Mangold, Oliven (grün, schwarz), Paprika (rot, orange, gelb, grün), Pastinake, Petersilie (Wurzel und Blätter), Radieschen, Rettich, Romana-Salat, Romanesco, Rucola (50 g), Sauerkraut (frisch oder in der Dose, ohne Zucker), Schwarzwurzel, Sellerieknolle, Spargel (frisch oder in der Dose), Spinat, Staudensellerie, Weißkohl, Zucchini, Zwiebel (2 EL pro Tag)
Obst	Apfel, Brombeeren (100 g), Heidelbeeren (100 g), Mango (160 g), Papaya (180 g)
Joghurt	Naturjoghurt (kein fertiger Früchtejoghurt etc.)
Fisch	Barsch, Blaufelchen, Dorsch, Forelle, Goldbarsch, Gründling, Haifischsteak, Heilbutt, Lachs, Makrele, Merlanfilet, Renke, Scholle, Seeteufel, Thunfisch (frisch oder in der Dose, mit Wasser), Viktoriabarsch, Wels, Zander
Meeresfrüchte	Miesmuscheln, Tintenfisch
Geflügel	Hähnchenbrust (ohne Haut), Hähnchenfleisch, Putenbrust (ohne Haut)
Käse	Hüttenkäse, Magerquark, Mozzarella, Ricotta, Milchprodukte (nicht von der Kuh), Schaf-Frischkäse
Bohnen	Braune Bohnen, Kichererbsen, Mungobohnen, rote Kidneybohnen, Wachtelbohnen, weiße Bohnen

Die große Auswahl an passenden Nahrungsmitteln überrascht manche Teilnehmer.

nen Eiweiße so, dass es jede Eiweißsorte nur einmal am Tag gibt, Eiweiße also nicht gemischt werden. Dies ist wichtig, um einen Überhang an übersäuernden Aminosäuren zu vermeiden. Je nach individueller Liste werden unter den Eiweißen auch Bohnen, viele Nüsse und Samen, Keimlinge, Sprossen, auch Austern- und Shiitakepilze genannt. Um nun nicht selbst mühsam auf die Suche gehen zu müssen, greifen die Teilnehmer auf ihre auf sie persönlich zugeschnittenen Auswahllisten zurück. Mit den dort für sie u. a. über ihre Blutanalyse ermittelten Lebensmitteln füllen sie das Raster ihres Plans aus. Je nach individueller Stoffwechsellage können schon einmal bis zu 41 verschiedene Gemüse- und Salatarten, zwölf Arten Obst, 17 Arten Fisch sowie sechs unterschiedliche Fleischarten ausgetestet und angegeben sein.

Metabolic Balance gibt jedem Teilnehmer seine detaillierte Liste an die Hand, welche die tägliche Essensplanung wesentlich erleichtert.

Variantenreiche Kost

Die persönliche Nahrungsmittelliste bietet also eine abwechslungsreiche Bandbreite an Lebensmitteln an und weist höchste Individualität auf, weil sie aus unendlichen Variationen die für Sie persönlich geltende Auswahl trifft.

Das Metabolic-Balance-Programm kombiniert dabei aus einem mit Tausenden von Lebensmitteldaten versehenen Pool die 37 Laborwerte Ihres Blutes mit Ihren Angaben zum Ausgangs- und Zielgewicht, Ihrer eventuellen Vormedikation, d. h. welche Medikamente Sie derzeit nehmen, und Ihren persönlichen, krankheitsbedingten Voraussetzungen. Neben den Nahrungsmitteln ihres Ernährungsplans darf Martina Mustermann pro Tag zusätzlich vier Scheiben Roggenknäckebrot sowie vier Eier pro Woche verzehren. Als Getränk darf sie drei Tassen schwarzen Kaffee oder schwarzen Tee ohne Milch und Zucker täglich zu sich nehmen, die obligatorischen drei Liter Wasser pro Tag bleiben davon selbstverständlich unberührt.

Bioverwertbare Eiweißmenge

Der Vollständigkeit halber sei hier nochmals erwähnt, dass sich die Maximalmenge von 450 Gramm Eiweißprodukten pro Tag immer auf die Eiweißnahrungsmittel insgesamt bezieht. Die tatsächliche, bioverwertbare Eiweißmenge der Lebensmittel ist wesentlich geringer. Bei Metabolic Balance wird die Empfehlung der Deutschen Gesellschaft für Ernährung, die 0,8 bis 1 Gramm Eiweiß pro Kilogramm und Gewicht vorsieht, auf jeden Fall eingehalten, teilweise sogar unterschritten.

Zubereitung ohne Fett

Die Geschmacksknospen auf der Zunge werden wieder feinfühliger. Naturbelassene Kost, sanft zubereitet, schmeckt frischer und ist zudem bekömmlicher.

Martina Mustermann bereitet wie alle anderen Teilnehmer von Metabolic Balance auch all ihre Lebensmittel in einer guten Gemüsebrühe zu, sie dünstet also ganz ohne Fett. Hilfreich sind hier beschichtete Pfannen, aber auch das Garen im Römertopf, in der Bratfolie oder im Dampfgarer ist beliebt. Die eigentliche Zubereitung geht schnell und macht, wie Sie sehen werden, wenig Mühe. Selbst ausgesprochene »Kochmuffel« unter meinen Teilnehmern haben dies bestätigt und vor allem herausgehoben, um wie viel angenehmer und bekömmlicher die Garmethode in der Brühe ist, auch weil der Geruch verbrannten Fetts in der Küche vollkommen fehlt. Die verbesserte und völlig neue Geschmacksqualität auch von Speisen, die traditionell mit Fett angebraten wurden, ist dabei ein zusätzlicher Nutzen.

Feste Zeiten einhalten

Die Mahlzeiten selbst sollten in Ruhe und mit Genuss verspeist werden. Gerade die Berufstätigen, deren Frühstück aus einer Tasse Kaffee im Stehen bestand, berichten, dass die andere Art zu essen ihren Alltag besser strukturiert und sie sich deutlich energievoller fühlen. So hat sich wochentags der zeitliche Rhythmus 7 bis 7:30 Uhr/12:30 bis

13:00 Uhr/18:00 bis 18:30 Uhr bei den meisten als günstig erwiesen. Sollten sich terminbedingt Pausen ergeben, die die fünf Stunden überschreiten, ist dies kein Problem, da das Zeitfenster bis 21 Uhr offen steht und so genügend Spielraum gibt. Am Wochenende ist 9:00 Uhr/14:00 Uhr/19:00 Uhr ein häufig gewählter Turnus.

Mit Eiweiß anfangen

In der Beratung erfahren die Teilnehmer, dass sie jede Mahlzeit mit Eiweiß beginnen sollen, damit zuerst die Verdauungsenzyme, die für die Eiweißaufspaltung notwendig sind, ihre Arbeit beginnen. Werden dann Kohlenhydrate verzehrt, wird die Insulinproduktion mit zeitlicher Verzögerung angekurbelt, der Insulinspiegel steigt also (wie der Hunger) langsamer an. Ganz praktisch heißt das, dass Martina Mustermann ein bis zwei Bissen ihrer Eiweißportion, seien es Fisch, Fleisch, Bohnen oder Eier zu sich nimmt und diese langsam und ausdauernd kaut und dann schluckt. Danach können (aber müssen nicht) die anderen Nahrungsanteile dazugemischt werden. Die Fünf-Stunden-Pause beginnt exakt nach dem letzten verzehrten Bissen.

Fünf Stunden sollten zwischen jeder Nahrungsaufnahme tagsüber liegen, um die Verdauungsorgane zu entlasten und neu einzustellen.

Lust am Essen entwickeln

Eine meiner Teilnehmerinnen berichtete, wie sehr ihr aufgefallen sei, dass sie sich für ihr Essen eigentlich nie genügend Zeit genommen habe. Unter Metabolic Balance decke sie sich ihren Tisch und freue sich auf ihre abwechslungsreichen und in manchen Punkten wirklich neuen Gerichte. Sie genieße jeden Bissen und habe gelernt, langsam zu essen. Dabei haben ihr die kleinen Mengen geholfen, das frühere Völlegefühl vom hastigen Hineinstopfen viel zu großer Portionen sei komplett weg. Ihr Darm danke es ihr, weil die Vorarbeit im Kauen – und die damit verbundene Signalwirkung an alle Verdauungssäfte – ihre vorherigen Verdauungsprobleme gelöst haben.

Es lohnt sich, alles Kleingedruckte in der Auflistung der verwendeten Zutaten eines Lebensmittels genau zu studieren.

Das Thema »Cholesterin«

Manchmal wundern sich die Teilnehmer, wenn sie wie Martina Mustermann vier Eier pro Woche im Plan stehen haben. Dann kommt die Rede auf das Thema »Cholesterin«. Da dieses allein Stoff für ein eigenes Buch bietet, sei hier zur Erklärung nur so viel gesagt: Durch striktes Einsparen von Cholesterin in der Ernährung kann der Cholesterinspiegel nur um durchschnittlich fünf Prozent gesenkt werden. Cholesterin ist ein wichtiger Baustein für viele Hormone, die Körperzellwände und das Nervengewebe. Wird es nicht in ausreichendem Maße von außen zugeführt, produziert der Körper es selbst aus Kohlenhydraten. Ballaststoffe binden das durch die Nahrung zugeführte Cholesterin an sich und werden ausgeschieden. Der Gehalt an diesen Faserstoffen und Pektinen im Gemüse ist bei Metabolic Balance relativ hoch und fördert deshalb genau diesen Effekt. Durch die Stoffwechselbalance, die insgesamt eingeleitet wird, reguliert darüber hinaus eine wieder gesundende Leber die Cholesterinproduktion im rechten Maß. An diesem Beispiel wird nochmals deutlich, wie wichtig die Betreuung und die Einführung in den Nahrungsfahrplan ist. Denn ist es nicht auch schön zu wissen, dass z. B. in der gelockerten Phase ein Frischkäse »Doppelrahmstufe« durchaus erlaubt ist? In der strengen Phase wird sogar ausdrücklich Wert auf einen ganz »normalen« Joghurt mit 3,5 Prozent Fett gelegt, weil alle Light-Varianten, wie beim Frischkäse auch, kräftig Salz und Verdickungsmittel in Form von Kohlenhydraten enthalten.

Wann ist Metabolic Balance sinnvoll?

Martina Mustermann macht ihrem Namen alle Ehre, wenn sie ihren Nahrungsfahrplan nicht nur in den drei anfänglichen, sondern vor allem in der Erhaltungsphase so weit beherzigt, dass er ihr in Fleisch und Blut oder nach Metabolic Balance in »Eiweiß und Kohlenhydrate« übergegangen ist. Sie profitiert dabei – wie alle anderen der mittlerweile allein in Deutschland über 36 000 vorausgegangenen Teilnehmer und Patienten – von den passgenau für sie bestimmten Nahrungsmitteln und -mengen, wenn sie nicht nur (wie in ihrem Beispiel) übergewichtig ist, sondern auch erhöhte Blutfett- und Blutzuckerwerte hat.

Fällt sie gar in die Kategorie des Metabolischen Syndroms oder hat sie einen bereits manifesten Diabetes mellitus, dann wird ihr betreuter Nahrungsfahrplan unabdingbar. Denn jetzt heißt es Nägel mit Köpfen machen und ihrer individuellen, spezifischen Körpersituation mit all den zur Entgleisung führenden Faktoren auch individuell zu begegnen: mit der persönlichkeitsgerechten Kur von Metabolic Balance, die in den wenigen Jahren seit ihrer Erfindung über Mundpropaganda schon unzählige Teilnehmer überzeugt hat.

Gesunde, ja selbst schlanke Menschen können von Metabolic Balance profitieren, wenn sie Lebensmittel mit geringer glykämischer Last und hoher biologischer Wertigkeit verzehren.

Die Individualität des Metabolic-Balance-Programms spricht viele Menschen an.

Vorteile und Gewinn

Es gibt weder medizinische noch konstitutionelle Gründe, die eine Teilnahme am Metabolic-Balance-Programm verhindern oder gar unmöglich machen könnten. Im Gegenteil: Alle Personen der hier geschilderten Krankheitsbilder erfuhren signifikante Verbesserungen, einige Beschwerden verschwanden sogar ganz. Neben den Verbesserungen bezüglich Diabetes mellitus und zu hohem Cholesterinspiegel wurden vor allem der Verlust an Rheuma- und Gelenkschmerzen, Bluthochdruck, Migräne, chronischer Müdigkeit, Wechseljahresbeschwerden, Verdauungsproblemen, Allergien und Hauterkrankungen festgestellt. Mehrere Laborwerte verbesserten sich (z. B. Verhältnis von LDL- zu HDL-Cholesterin, Blutzucker). Ein zuvor erhöhter CRP-Wert (Anzeichen einer Entzündung im Körper) konnte als nicht mehr relevant erfasst werden. Der vorübergehende Anstieg der Harnsäure (erklärbar durch den Proteinumbau im Körper) lässt sich durch ein geeignetes Basenpräparat sowie die genügende Trinkmenge und den täglichen »Pflichtapfel« gut einbalancieren. Als ausgesprochenen Nutzen gewannen alle Patienten über Metabolic Balance die Gesundung ihres Krankheitsbildes, eine nachhaltige Gewichtsregulation, ein gesteigertes Leistungsvermögen, eine verbesserte Konzentration, größere Stressresistenz und höhere Belastbarkeit sowie mehr Vitalität und Lebensfreude.

Auf lange Sicht gesehen, stellt Metabolic Balance die Weichen für ein Leben mit gesteigertem Wohlbefinden.

Alle profitieren

Dass sich Metabolic Balance gerade bei den häufig bewegungsfaulen Kindern und Jugendlichen, aber auch bei häufig schlecht bis mangelernährten älteren Menschen besonders positiv auswirkt, hängt damit zusammen, dass alle Nähr- und Vitalstoffe ausreichend und unverfälscht verzehrt werden. Schließlich profitieren auch alle Hobbysportler. Den Teilnehmern wird ab der dritten Woche der Umstellung Bewegung generell empfohlen. Auch wenn der Supertreibstoff Kohlenhydrate bei Metabolic Balance deutlich reduziert ist, zeigt die Erfahrung, dass nach der Anpassungsphase von bis zu zwei Wochen Sport ohne Leistungseinbrüche durchgeführt werden kann – und dies bei deutlich verbesserten medizinischen Werten. Lediglich Hochleistungssportlern, die sich intervallartige Höchstleistungen abverlangen, empfehlen wir, nach der Umstellungsphase vermehrt Kohlenhydrate mit niedrigem glykämischem Index vor allem vor Wettkämpfen bzw. Trainingseinheiten zu sich zu nehmen.

Der Erfolg von Metabolic Balance spricht sich schnell herum, denn zufriedene Teilnehmer berichten begeistert über ihre persönlichen Erfahrungen.

Langzeiterfahrene überzeugen

Ist die Erhaltungsphase erst einmal erreicht, zeigen die ersten statistischen Daten, dass 64 Prozent der Teilnehmer noch nach zwei Jahren ihr Gewicht beständig halten. Bis dahin haben die Männer im Schnitt 5 Kilogramm pro Woche verloren, die Frauen durchschnittlich 2,5 Kilogramm. Ein solcher Erfolg motiviert natürlich, und da sich die sichtbaren Veränderungen vor allem am Anfang sehr schnell einstellen, bekommen die Metabolic-Balance-Teilnehmer viel positive Resonanz aus ihrer unmittelbaren Umgebung. Das vorgelebte, gute Beispiel spornt an, und so sind es eben nicht spektakuläre Kurzgewinne, die überzeugend wirken, sondern die kontinuierliche Änderung im Verhalten und im Umgang mit dem Thema »Essen« überhaupt, die Neugier weckt. Meist kommen neue Metabolic-Balance-Interessenten, nachdem sie ein wirklich überzeugendes Beispiel in ihrer unmittelbaren Nähe erlebt und befragt haben. Anstecken lassen sie sich vor allem von den Erfolgsberichten der Metabolic-Balance-Langzeiterfahrenen – sie sind gewissermaßen der lebende Beweis für den fehlenden Jo-Jo-Effekt. Sehr jung oder schon etwas älter zu sein ist dabei kein Hinderungsgrund (siehe S. 132 f.). Und auch vermeintliche organisatorische Hürden stellen keine echte Blockade dar.

Fallbeispiel: Im Internat

Clara ist 14 Jahre alt, 150 Zentimeter groß und wiegt 65 Kilogramm. Mitten in der Pubertät ist sie eine der Jugendlichen, denen Bewegung ein Graus ist. Da die Eltern getrennt leben und es Probleme mit der Schule gab, hat sich eine ganze Menge Kummerspeck bei ihr angesammelt. Die Mutter macht sich Sorgen, denn die Tochter lebt seit einem halben Jahr in einem Internat. Da sei sie zwar gut aufgehoben, und auch die schulischen Leistungen seien inzwischen wesentlich besser, aber was sie da zu essen bekäme, das wüsste sie nicht. »Sie wird wohl weiterhin viele Süßigkeiten essen!«

Auffällig sei die schlechte Haut, die Kortisonsalbe vom Hautarzt habe rein gar nichts gebracht. Langsam habe sie den Verdacht, äußert die Mutter, dass da außer der Pubertätsakne noch irgendetwas anderes schief laufe. Denn die Tochter klage auch oft über Verdauungsprobleme, und in letzter Zeit sei sie so oft erkältet gewesen, da sie wohl so gut wie gar keine Abwehrkräfte mehr habe. Leider haben bei Clara selbst Schüßler-Salze nicht gewirkt. Vor allem die letzte Information lässt uns hellhörig werden, legt sie doch den Verdacht auf diverse allergische Reaktionen nahe, so z. B. auf Laktose, die auch in Schüßler-Salzen vorkommen kann. Die Mutter vereinbart in den Ferien gleich einen Termin bei uns.

Ob Kinder, Jugendliche oder Erwachsene – das Stoffwechselprogramm eignet sich für jeden.

Clara ist ein blasses, dickes, ja aufgeschwemmtes, unglückliches, junges Mädchen. Was sie vor allem fürchtet, ist ein lang andauerndes und hochkompliziertes Suchen und Testen von Nahrungsmitteln an dessen Ende »man außer Blumenkohl jeden dritten Tag gar nichts mehr essen darf!« So hat sie die Rotationsdiät einer Klassenkameradin mit Neurodermitis erlebt. Zur allgemeinen Erleichterung können wir durch die genaue Aufnahme der Vorgeschichte und durch eine praxisinterne medikamentöse sowie kinesiologische Austestung zur

Planerstellung für Clara sehr genaue Angaben machen. Es kommt ein auf ihre allergischen Reaktionen abgestellter, sehr alltagstauglicher Plan heraus, dem Clara zunächst mit dem Totschlagargument »das geht ja nicht im Internat« zu begegnen sucht.

Im Aufklärungsgespräch geht es mir darum, ihr eine Perspektive zu eröffnen. Dazu gehört auch die Erarbeitung und Verankerung einer schönen Vision. Wir wissen, dass gerade die seelische Komponente über das Gelingen der im Plan vorhandenen Handlungsalternativen ein entscheidendes Wort mitzureden hat. Wir legen also vor Beginn ihrer Diät genaue, für sie realistische Ziele fest und verankern diese u. a. im Rahmen einer therapeutischen Bildarbeit, die als ganzheitliche Methode zu unserem naturheilkundlichen Repertoire gehört. Mit zum Aufzeigen eines für Clara gangbaren Weges gehört auch die Ausstellung einer Erklärung, die sie im Internat bei ihrem Wunsch, etwas anderes zu essen, unterstützen soll. So gestärkt präparieren wir sie für das dort anstehende Gespräch mit dem Koch und ermöglichen ihr auf diese Weise, nicht als »zickig« und womöglich verzogen dazustehen.

Inzwischen sind vier Wochen vergangen. Der Koch hat sich ihren Plan sehr genau angesehen und ist bereit, bei ihrem Essen vorläufig auf Weizen, Eier und Milch ganz zu verzichten. Er hat sogar Sojamilch besorgt und anfangs für eine kleine Gruppe Extraportionen erstellt. Bei einem Kontingent, das für 150 Portionen reichen muss, hat uns die Kooperationsbereitschaft sehr gefreut. Wo ein Wille ist, ist eben wirklich ein Weg, Hindernisse gibt es nur oft im Denken. Clara hat inzwischen zehn Kilogramm abgenommen und hat, bis auf einige echte Aknepickel, eine wirklich gute Haut. Die Grippewelle hat sie diesmal übersprungen. Statt abends mit Chips und Snacks im Fernsehzimmer zu hocken, geht sie mit den anderen in einen Rock'n-Roll-Kurs und freut sich auf den Discobesuch am Wochenende.

Satt werden und dabei gesund – das können alle, die der Richtschnur von Metabolic Balance jetzt folgen. Ohne Reue und schlechtes Gewissen und so mühelos wie all die anderen, die seither schlank sind und es auch bleiben!

Frühzeitiges Abnehmen ist eine Investition in die Zukunft.

Es ist der Anspruch von Metabolic Balance, dass sich Wissenschaft und Praxis verbinden, Medizin und Naturheilkunde einander ergänzen und altes Wissen und neue Erkenntnis zur Synthese führen sollen.

Fallbeispiel: Zu alt, um abzunehmen?

Eleonore, 75 Jahre, kommt in Begleitung ihrer Freundin, einer Metabolic-Balance-Patientin, zu einem unserer Vorträge. Diese Freundin ist längst zur »Überzeugungstäterin« geworden, hat sie doch 20 Kilogramm Gewicht sowie auch viele Symptome ihrer späten Wechseljahresbeschwerden verloren. Fit und energiegeladen fühlt sie sich, und das soll der um zehn Jahre älteren Eleonore auch vergönnt sein. Die hat eigentlich nur einen einzigen Zweifel, der sich auf ihr Alter bezieht. Die zierliche, mobile ältere Dame wiegt 57 Kilogramm bei einer Größe von 153 Zentimeter und beklagt sich, dass sie mit zunehmendem Alter ihre Taille fast verloren habe. Sie sei immer schlank gewesen, erzählt sie, und achte schon immer auf eine gesunde Ernährung: »Das Fastfood-Essen meiner Enkel habe ich noch nie gegessen. Aber wieso ich so unproportioniert bin, hängt wohl mit dem Schrumpfungsprozess im Alter zusammen. Wissen Sie, es schrumpft da einfach alles«, lacht sie, »hoffentlich mein Geist noch lange nicht!« Der Gesundungsprozess der Freundin habe sie überzeugt, und das mit dem Plan, das leuchte ihr ein. Obwohl ... »Ob Sie mir zum Thema ›Essen‹ so viel Neues bieten werden?« Ihr Arzt habe sie jedenfalls ausgelacht, als sie ihm von ihrem Bauch erzählt habe. »Ich war immer eitel, es ärgert mich, dass mir kein Rock und keine Hose mehr im Bund passen. Irgendetwas mache ich mit meiner Esserei scheinbar doch falsch, und ich bin sehr gespannt, wie mein Plan aussieht. Ich bin aber zehn Jahre älter als meine Freundin – da soll das mit dem Abnehmen doch gar nicht mehr gehen?«

Wir können Eleonore beruhigen, denn bereits im Vortrag sieht sie, wie die Regulation der Stoffwechselvorgänge im Körper vonstatten geht und dass weniger das Alter als vielmehr das Angebot an Nahrung den Ausschlag gibt für das Zuviel an Pfunden. Hellhörig wird sie bei

unseren Bemerkungen über das angeblich gesunde Müsli, die glykämische Last von Honig und unsere Bewertung von Vollkornprodukten. Gut gefällt ihr, dass die Umfangmaße von Taille und Hüfte immer gleich mit gemessen werden. Ihr Blutbild zeigt bis auf einen leicht erhöhten Blutzucker- und Cholesterinspiegel tatsächlich ein Stoffwechselprofil auf, das das offensichtlich maßvolle Ernährungsprogramm eines ganzen Lebens zeigt.
Vom Mayr-Fasten sind ihr die Vorbereitungstage samt der Darmreinigung bestens vertraut, und voller Vorfreude steigt sie ein in ihren Plan. Inzwischen ist Eleonore in der gelockerten Phase. Bereits in der ersten Woche hat sie vier Kilogramm abgenommen, und in der zweiten Woche hat sie am Bauch sechs Zentimeter und an Hüfte und Oberschenkeln jeweils vier Zentimeter an Umfang verloren. Sie kann ihr Glück kaum fassen. »Endlich kann ich mir jetzt ganz normale Damenhosen kaufen!«
Die Sprossen (Bockshornklee-, Hafer-, Senf-, Radieschensprossen) sind echtes Neuland für Eleonore gewesen, und auch an den Tofu hat sie sich gut gewöhnt. »Aber wissen Sie, ich glaube, ich weiß jetzt sehr genau, was ich mir da auf meinen Bauch und die Hüften raufgefuttert habe. Ich habe ja teilweise nur von Obst gelebt und den Heißhunger danach – na den hab ich oft mit süßen Schleckereien gestillt, vor allem abends. Erstaunlich findet sie, dass ihr das alles gar nicht fehle, und als ich ihr sage, dass sie in der Erhaltungsphase hin und wieder auch mal Schokolade (am besten mit einem hohen Kakaoanteil) essen dürfe, da freut sie sich und meint »das wird dann wie eine Belohnung sein, denn mein Glas Rotwein, das probiere ich dann auch wieder aus! Sollte mein Bauch dann auch nur einen Zentimeter zulegen, dann geh ich sofort in meinen Plan zurück, ich hab nämlich jetzt kapiert, wieso das mit dem Jo-Jo-Effekt bei Metabolic Balance so ganz anders ist.«

Vielleicht ist es uns mit diesem Buch gelungen, Sie mitzunehmen auf dem kurvenreichen Spaziergang durch die aktuelle Ernährungsmedizin. Wenn Sie dabei den Metabolic Balance-Mahlzeitenplan als Kompass ausmachen konnten, so haben Sie die richtige Ausrichtung bereits vor Augen.

Hier werden Nahrungsmittel verwendet, die den Insulinspiegel im Körper niedrig halten und so die Stoffwechselvorgänge wieder in die Balance bringen.

Rezepte zu Metabolic Balance

Vitalstoffreiche Kost, die gut schmeckt

Frühstücksideen

Metabolic Balance sieht für das Frühstück meist eiweißreiche Speisen in Kombination mit Obst oder Gemüse vor. Es sind sowohl süße, als auch würzige, zuweilen herzhafte Gerichte zum Genießen.

Für 1 Portion
1 Portion Körnermischung
1 Apfel
1 Prise Salz
1 TL Zimt

Apfelmüsli mit Körnermischung

Zubereitung

1. Die Körnermischung über Nacht in kaltem Wasser einweichen. Das Einweichwasser wegschütten und die Körnermischung pürieren.
2. Den Apfel waschen, das Kerngehäuse entfernen und das Fruchtfleisch grob raspeln. Apfelraspel und Körnermischung miteinander vermengen, mit Salz und Zimt würzen.

Tipp Wer es nicht ganz so musig mag, der kann eine Apfel-Sellerie-Rohkost zubereiten. Dafür Apfel und **Knollensellerie** je zur Hälfte grob raspeln und in dünne Stifte schneiden. Mit Zimt würzen. Die Körnermischung ohne Einweichen in einer Pfanne anrösten und über die Apfel-Sellerie-Rohkost streuen.

Die Körnermischung enthält Kürbis-, Pinien- und Sonnenblumenkerne.

Tofu-Apfel-Aufstrich

Für 1 Portion
- 1 Portion Tofu
- 5 EL Mineralwasser
- 1 Apfel
- 1 Prise Salz
- Zimt
- 1 Portion Roggenvollkornknäckebrot

Zubereitung

1. Den Tofu zerkrümeln, das Mineralwasser dazugeben und das Ganze pürieren.
2. Den Apfel entkernen, 2 dünne Apfelspalten abschneiden und den Rest fein raspeln. Die Apfelraspeln unter den Tofu mischen. Mit etwas Salz und Zimt würzen.
3. Den Tofu-Aufstrich auf dem Roggenvollkornknäckebrot anrichten und mit den Apfelspalten garnieren.

Tipp Für den fruchtigen Aufstrich kann auch **jedes andere Obst** verwendet werden.

Tofu-Aufstrich mit Kräutern

Für 1 Portion
- 1 Portion Tofu
- 5 EL Mineralwasser
- 1 TL frisch gehackter Dill
- 1 TL frisch gehackte Petersilie
- 1 TL frisch gehacktes Basilikum
- Zitronensaft
- Salz
- Cayennepfeffer
- 1 Portion Radieschen
- 1 Portion Roggenvollkornknäckebrot

Zubereitung

1. Den Tofu zerkrümeln, das Mineralwasser dazugeben und das Ganze pürieren. Die Kräuter darunter heben. Mit Zitronensaft, Salz und Cayennepfeffer würzen.
2. Die Radieschen waschen, putzen und in feine Würfelchen schneiden, 1 Esslöffel geschnittene Radieschen zur Seite legen und den Rest unter den Tofu mischen.
3. Den Tofu-Aufstrich auf dem Roggenvollkornknäckebrot anrichten und mit den beiseite gelegten Radieschenwürfeln garnieren.

Tipp Von dem Aufstrich kann man mehrere Portionen zubereiten. Er hält sich in einem verschlossenen Behälter 1 Woche im Kühlschrank. Der Aufstrich lässt sich auch gut mit **Avocado** zubereiten.

Joghurt mit Zimtapfel

Für 1 Portion

1 säuerlicher Apfel

Zimt

1 Portion Joghurt

Zubereitung

1. Den Apfel vierteln, das Kerngehäuse entfernen und das Fruchtfleisch in feine Spalten schneiden. In einer heißen Pfanne die Apfelspalten kurz andünsten und mit Zimt bestreuen.

2. Den Joghurt in ein Schälchen geben und den Zimtapfel unterheben. Bei Bedarf noch mit etwas Zimt bestreuen.

Tipp Für dieses Rezept kann auch **Sojajoghurt** verwendet werden. Anstelle des Apfels probieren Sie doch einmal gedünstete **Mango**.

Brotaufstrich mit Körnern

Für 1 Portion

1 Portion Körnermischung (Sonnenblumen- und Kürbiskerne)

1 Portion Gemüse (Avocado, Tomate)

Salz

frisch gemahlener Pfeffer

1 Roggenvollkornknäckebrot

gehackte Petersilie

Zubereitung

1. Zwei Drittel der Körnermischung mit kaltem Wasser bedecken und über Nacht einweichen. Am nächsten Morgen das Einweichwasser wegschütten und die eingeweichten Körner pürieren.

2. Das Fruchtfleisch der Avocado mit einem Löffel aus der Schale lösen und pürieren. Die pürierten Körner untermischen. Mit Salz und Pfeffer würzen. Die Masse auf das Knäckebrot streichen.

3. Die zurückbehaltene Körnermischung in einer heißen Pfanne anrösten und über den Aufstrich streuen. Das Ganze mit etwas Tomate und Petersilie garnieren.

Tipp Den Brotaufstrich kann man mit anderem kleingeschnittenem, nach Bedarf zuvor gedünstetem Gemüse variieren. Dazu eignen sich geraspelte **Salatgurke** oder angedünsteter **Porree**, gewürzt mit **Majoran**, **Oregano** und **frischen Kräutern**.

Putenbrust auf Erdbeeren

Für 1 Portion

1 Portion geräucherte Putenbrust

1 Portion Erdbeeren

1 EL Balsamicoessig

frisch gemahlener Pfeffer

einige Blätter frisches Basilikum

Zubereitung

1. Die Putenbrust in feine Streifen schneiden. Die Erdbeeren waschen, entstielen, in feine Scheiben schneiden, mit Balsamicoessig beträufeln, pfeffern und etwa 15 Minuten durchziehen lassen.
2. Die Putenstreifen unter die Erdbeeren mischen. Auf einem Teller anrichten und mit Basilikumblättern garnieren.

Tipp Anstelle mit Erdbeeren schmeckt die Putenbrust auch gut mit **Mango**, **Papaya**, **Himbeeren**, **Nektarinen** oder **Pfirsichen**.

Würzige Zucchiniringe

Für 1 Portion

1 Portion Gemüse (Zucchini, Oliven)

1 Knoblauchzehe

1 Portion Hüttenkäse

Salz

frisch gemahlener Pfeffer

Zubereitung

1. Zucchini waschen, putzen, längs halbieren und von der Schnittfläche 2 bis 3 dünne Scheiben abschneiden. Die restlichen Zucchini in Stifte schneiden. In einer heißen Pfanne die Zucchinischeiben von beiden Seiten anbraten, herausnehmen und dann die Zucchinistifte unter Rühren weich dünsten. Abkühlen lassen.
2. Knoblauch abziehen und durch eine Presse drücken. Hüttenkäse mit Salz, Pfeffer und Knoblauch gut würzen. Ein paar Oliven in dünne Scheiben schneiden und unter den Hüttenkäse mischen. Die abgekühlten Zucchinistifte unter den gewürzten Hüttenkäse geben.
3. Die Zucchinischeiben zu Ringen formen und mit Zahnstochern fixieren. Den Käse einfüllen und mit einigen Oliven garnieren.

Tipp Dieses Rezept lässt sich auch sehr gut mit **Joghurt** oder **Magerquark** zubereiten.

Quark-Gemüse-Häppchen

Für 1 Portion

1 Portion Magerquark

etwas Mineralwasser

Salz

frisch gemahlener Pfeffer

edelsüßes Paprikapulver

1 TL Petersilie

1 TL Dill

1 EL Schnittlauchröllchen

1 Portion Gemüse (Salatgurke, rote Paprikaschote)

Zubereitung

1. Den Magerquark mit Mineralwasser glatt streichen und mit Salz, Pfeffer und Paprikapulver würzen. Petersilie, Dill und die Hälfte des Schnittlauchs untermischen.

2. Salatgurke in Scheiben schneiden und etwas würzen. Paprikaschote waschen, putzen und das Fruchtfleisch in etwa 2 Zentimeter große Rauten schneiden.

3. Den Kräuterquark auf die Gurkenscheiben geben, je eine Paprikaraute auf einen Zahnstocher spießen und in die Gurkenscheibe stecken. Mit den restlichen Schnittlauchröllchen bestreuen.

Tipp Statt Salatgurke als Grundlage kann auch **Zucchini** verwendet und dann andersfarbige Paprika, **Porree** oder **Stangensellerie** untergemischt werden. Wer es süßer mag, mischt den Quark mit püriertem Obst, etwa **Himbeeren** oder **Erdbeeren**, und spießt einige dieser Früchte auf Zahnstocher auf. Einen besonderen Geschmack erhält die süße Variante durch die Zugabe von gehackten **Melissenblättern**.

Erdbeeren auf Avocadocreme

Für 1 Portion

1/2 Portion Gemüse (Avocado)

1 Portion Ziegenfrischkäse

Salz

frisch gemahlener Pfeffer

1/2 Portion Obst (Erdbeeren)

Zubereitung

1. Das Avocadofruchtfleisch aus der Schale lösen und zerdrücken. Mit Ziegenfrischkäse mischen, salzen, pfeffern und pürieren.

2. Erdbeeren waschen, putzen und in Scheiben schneiden. Die Creme auf einen Teller geben und die Erdbeeren darauf anrichten.

Tipp Obst nach Jahreszeit variieren oder anderen Frischkäse nehmen.

Avocado-Drink

Für 1 Portion

1 Portion Gemüse (Avocado, Salatgurke)

1 Limette

1 Portion Milch

Salz

frisch gemahlener Pfeffer

Zubereitung

1. Das Avocado-Fruchtfleisch mit einem Löffel aus der Schale lösen und mit einer Gabel leicht zerdrücken. Die Gurke schälen, längs halbieren, die Kerne mit einem Löffel herausschaben und das Fruchtfleisch in Würfel schneiden.
2. Die Limette halbieren, 1 dünne Scheibe für die Garnitur abschneiden und beiseite legen, die Fruchthälften auspressen.
3. Avocado, Gurkenwürfel, Limettensaft und Milch im Mixer oder mit einem Pürierstab fein pürieren. Mit Salz und Pfeffer würzen, in ein hohes Glas füllen und mit der Limettenscheibe garnieren.

Tipp Der Drink schmeckt am besten aus gut gekühlten Zutaten. Statt Kuhmilch kann es auch **Sojamilch**, **Ziegen**- oder **Schafmilch** sein.

Limetten sind etwas aromatischer als Zitronen und verleihen dem Drink eine besondere Note.

Gemüse im Schinkenmantel

Für 1 Portion

1 Portion Gemüse (Spargel, Staudensellerie)

1 EL Schnittlauchröllchen

1 Portion gekochter Schinken

1 Roggenvollkornknäckebrot

Zubereitung

1. Spargel putzen, schälen und in Salzwasser bissfest garen. Sellerie waschen, putzen und die Blätter aufheben. Selleriestange in feine Streifen schneiden. Sellerieblätter grob hacken und mit den Schnittlauchröllchen mischen.

2. Spargel und Sellerie in den gekochten Schinken einrollen und mit der Mischung aus Schnittlauch und Sellerieblättern bestreuen. Dazu gibt es Roggenvollkornknäckebrot.

Tipp Wenn es schnell gehen soll, kann Spargel aus der Dose verwendet oder der Spargel schon am Vorabend gekocht werden. Versuchen Sie es einmmal mit anderen Gemüsearten wie **Möhren**, **Paprikaschoten**, **Pastinaken** oder **Schwarzwurzeln**. Man kann auch gekochte bzw. geräucherte, in dünne Scheiben geschnittene **Putenbrust** füllen.

Tofurolle mit Gemüse

Für 1 Portion

1 Portion Tofu

etwas Mineralwasser

Salz

frisch gemahlener Pfeffer

1 Portion Gemüse (rote Paprikaschote, Porree)

Thymian

Zubereitung

1. Tofu mit einer Gabel zerdrücken, mit wenig Mineralwasser vermischen, salzen und pfeffern. Paprikaschote waschen, putzen und in feine Würfel schneiden. Porree waschen, putzen und in feine Ringe schneiden. In einer heißen Pfanne das Gemüse etwa 10 Minuten dünsten. Mit Salz, Pfeffer und Thymian würzen, abkühlen lassen.

2. Die Tofumasse auf einer Frischhaltefolie flach drücken. Die Hälfte des abgekühlten Gemüses darauf verteilen, mit der Folie aufrollen und mindestens 30 Minuten kühl stellen. Die Folie entfernen und die Tofurolle in Scheiben schneiden. Restliches Gemüse dazu verzehren.

Melonensuppe

Für 1 Portion

1 Portion Galia-Melone

1 Portion Schaffrischkäse

etwas Mineralwasser

Salz, Pfeffer

Spritzer scharfer Chilisauce

1 TL Balsamicoessig

1/2 Portion Gemüse (rote Paprikaschote)

Zubereitung

1. Fruchtfleisch der Melone grob würfeln und mit Frischkäse und Mineralwasser pürieren. Mit Salz, Pfeffer, Chilisauce und Essig würzen.
2. Paprikaschote waschen, putzen und in feine Würfel schneiden. Die Suppe in einen tiefen Teller füllen und die Paprikawürfel dazugeben.

Tipp Die Melonensuppe lässt sich auch mit **Cantaloupe**- oder **Honigmelone** zubereiten. Anstelle des Frischkäses kann man auch eine **Körnermischung** einsetzen, die man zuvor eingeweicht und püriert hat. Die andere Hälfte der Gemüseportion zu einer anderen Mahlzeit verzehren oder das Gemüse hier roh bzw. leicht gedünstet dazu essen.

Eieromelette mit Champignons

Für 1 Portion

1 Portion Gemüse (Champignons, 1 EL gehackte Zwiebeln)

Salz

frisch gemahlener Pfeffer

1 Portion Eier

1 EL Schnittlauchröllchen

Zubereitung

1. Die Champignons putzen und in feine Scheiben schneiden. In einer heißen Pfanne Zwiebeln und Champignons einige Minuten dünsten, salzen und pfeffern.
2. Eier verquirlen, salzen und pfeffern. Die Masse in einer heißen, beschichteten Pfanne stocken lassen und von beiden Seiten braten.
3. Das Omelette auf einen Teller geben, mit den Champignons füllen und mit Schnittlauchröllchen bestreuen.

Tipp Anstelle der Champignons kann man auch **Steinpilze** oder Gemüse wie **Staudensellerie**, **Porree**, **Möhren** oder **Kohlrabi** verwenden. Für ganz Eilige bietet sich an, Rührei mit verschiedenen **frischen Kräutern** zuzubereiten.

Rezepte mit Fisch

Fisch eignet sich auf ideale Weise für die Zubereitung eiweißreicher Kost. Fettarm gegart – etwa im Dampf gedünstet, in Alufolie gewickelt und auf den Grill gelegt oder im Backofen gebacken – kommt sein Eigengeschmack bestens zur Geltung. Doch auch Meeresfrüchte wie Miesmuscheln und Tintenfisch sind gut geeignet.

Kabeljau mit Avocadohaube

Für 1 Portion
- 1 Portion Kabeljau
- Salz
- frisch gemahlener Pfeffer
- 1 EL Zitronensaft
- 1 Roggenvollkornknäckebrot
- 4 EL Wasser
- 1/2 Avocado
- Paprikapulver

Zubereitung

1. Kabeljau kalt waschen, trockentupfen und mit Salz und Pfeffer würzen und im Zitronensaft marinieren.

2. Knäckebrot zerkrümeln und in dem Wasser einweichen, es soll eine richtig breiige Masse werden.

3. Das Fruchtfleisch der Avocado mit einem Löffel aus der Schale lösen und mit einer Gabel zerdrücken. Das eingeweichte Knäckebrot gut ausdrücken, unter die Avocado heben und kräftig mit Salz, Pfeffer und Paprikapulver würzen.

4. Backofen auf 200 °C (Umluft 180 °C, Gas Stufe 3-4) vorheizen. Den Fisch in eine feuerfeste Form legen und die Avocado-Knäcke-Masse darüber verteilen. Das Gericht im Backofen etwa 15 Minuten backen.

Tipp Mit der Avocadomasse lässt sich auch gut ein Fisch-Gemüse-Auflauf zubereiten. Gemüse wie **Porree**, **Brokkoli** oder blanchierte **Schwarzwurzel** klein schneiden und etwa 5 Minuten dünsten. Fisch in zwei Hälften teilen. Den Boden einer feuerfesten Form mit Fisch belegen und Gemüse, Avocadomasse, und wieder Fisch, Gemüse und Avocadomasse aufschichten. Ebenfalls 15 bis 20 Minuten backen.

Mangoldblätter mit Fischfüllung

Für 1 Portion

1 Portion Mangoldblätter

1 Portion Zanderfilet

Salz

frisch gemahlener Pfeffer

Cayennepfeffer

abgeriebene Schale von 1/2 Zitrone

1/4 l Gemüsebrühe

Zubereitung

1. Mangoldblätter waschen, nacheinander in kochendem Salzwasser blanchieren und in eiskaltem Wasser abschrecken. Auf einem Küchentuch ausbreiten.

2. Fischfilet in der Küchenmaschine fein pürieren und dabei mit Salz, Pfeffer, Cayennepfeffer und Zitronenschale würzen. Mit zwei Esslöffeln aus der Masse Nocken formen und auf die Mangoldblätter setzen. Die Blätter um die Füllung schlagen.

3. Die Brühe zum Kochen bringen, die Mangold-Fisch-Päckchen mit den Rändern nach unten einsetzen und in etwa 10 Minuten gar ziehen lassen.

Tipp Sollten Mangoldblätter übrig bleiben, kann man diese in feine Streifen schneiden und mit in die Gemüsebrühe legen. Wer Mangold nicht so gerne mag, der nimmt **Spinatblätter**. Als Füllung eignet sich auch **Seelachs-** oder **Rotbarschfilet**.

Eine eiweißreiche Mahlzeit, ansprechend verpackt.

Tintenfischspieß

Für 1 Portion

1 Portion Tintenfischtuben

1 Portion Obst (Limette, Pfirsich)

1 Knoblauchzehe

Salz

frisch gemahlener Pfeffer

Zitronengraspulver

Zubereitung

1. Tintenfischtuben in 2 bis 3 Zentimeter breite Ringe schneiden. Limette in Spalten schneiden und von einer Spalte Saft ausdrücken. Pfirsich heiß überbrühen, häuten und in Würfel schneiden.

2. Knoblauch fein hacken, mit Salz zerdrücken, leicht pfeffern und mit Zitronengraspulver und Limettensaft anrühren. Die Tintenfischringe damit bestreichen und etwa 10 Minuten durchziehen lassen.

3. Tintenfisch, Limette und Pfirsich auf Spieße stecken. Auf den vorgeheizten Grill legen und von allen Seiten gut braten.

Thunfischsteak provenzalisch

Für 1 Portion

1 Portion Thunfischsteak

1 EL Zitronensaft

1 Portion Gemüse (Aubergine, Zucchini, Tomate, 1 EL gehackte Zwiebeln)

100 ml Gemüsebrühe

1 TL Kräuter der Provence

Salz

frisch gemahlener Pfeffer

1 Knoblauchzehe

frischer Thymian

Rosmarin

Zubereitung

1. Fisch unter kaltem Wasser waschen, trockentupfen, mit Zitronensaft beträufeln und etwa 10 Minuten ziehen lassen.

2. Gemüse putzen. Aubergine in grobe Stücke schneiden und mit Salz bestreuen. Zucchini in grobe Stücke schneiden. Tomate würfeln.

3. Zwiebeln in einer heißen, beschichteten Pfanne anbraten, Auberginen und Zucchini zufügen, kurz anbraten. Mit Brühe aufgießen und gut 10 Minuten schmoren lassen. Mit Kräutern, Salz und Pfeffer würzen.

4. Knoblauch fein hacken und mit Salz verreiben. Fisch mit Knoblauch einreiben und in einer weiteren heißen Pfanne von jeder Seite etwa 5 Minuten braten. Mit Salz und Pfeffer würzen.

5. Fisch mit Gemüse auf einem Teller anrichten und mit frischem Thymian und Rosmarin garnieren.

Tipp Alternativ das Rezept mit **Lachs** oder **Seeteufel** zubereiten.

Garnelenspieß

Für 1 Portion

1 Portion Garnelen

1 Limette

1 Portion Gemüse (Frühlingszwiebeln oder Zucchini)

1 Knoblauchzehe

Salz

frisch gemahlener Pfeffer

Zitronengraspulver

Zubereitung

1. Garnelen auftauen beziehungsweise unter kaltem Wasser waschen. Limette in Spalten schneiden und von einer Spalte Saft ausdrücken. Frühlingszwiebeln oder Zucchini waschen, putzen und würfeln.

2. Knoblauch fein hacken, mit Salz zerdrücken, leicht pfeffern und mit Zitronengraspulver und dem Limettensaft anrühren. Damit die Garnelen bestreichen und etwa 10 Minuten marinieren lassen.

3. Abwechselnd Garnelen, Limettenspalten und Gemüsewürfel auf Spieße stecken. Auf den vorgeheizten Grill legen, ringsum braten.

Lachsfilet auf Fenchelgemüse

Für 1 Portion

1 Portion Lachsfilet

1 EL Zitronensaft

1 Portion Gemüse (Fenchelknolle, rote Paprikaschote)

Salz

frisch gemahlener Pfeffer

150 ml Gemüsebrühe

1 EL Schnittlauchröllchen

Zubereitung

1. Lachsfilet kalt abspülen, trockentupfen, mit Zitronensaft beträufeln und 15 Minuten zugedeckt marinieren lassen.

2. Fenchel waschen, putzen und in dünne Streifen schneiden. Paprika putzen und in feine Streifen schneiden.

3. Das marinierte Lachsfilet mit Salz und Pfeffer würzen und von beiden Seiten in einer heißen, beschichteten Pfanne gut anbraten. Herausnehmen und in Alufolie warm halten.

4. Fenchel und Paprika unter Rühren kurz in der Pfanne anbraten, mit Gemüsebrühe ablöschen und bissfest garen. Das Gemüse würzen, auf einem Teller anrichten, den Lachs darauf legen und mit Schnittlauchröllchen bestreuen.

Tipp **Scholle**, **Seeteufel** und dazu als Gemüse **Chinakohl** und **Kapern** variieren das Rezept – schmeckt sehr interessant!

Fischsuppe mit Sauerkraut

Für 1 Portion

1 Portion Rotbarschfilet

Salz

frisch gemahlener Pfeffer

1 Portion Gemüse (rote, gelbe, grüne Paprikaschote, 1 EL gehackte Zwiebeln, 2 EL Sauerkraut)

1 Knoblauchzehe

1/4 l Gemüsebrühe

Paprikapulver

1. Fisch kalt abspülen, trockentupfen, in mundgerechte Stücke schneiden, salzen, pfeffern und zugedeckt durchziehen lassen.
2. Die Paprikaschoten waschen, putzen und in feine Streifen schneiden. Den Knoblauch fein hacken. Die Zwiebeln und den Knoblauch in einem heißen Topf kurz anbraten, die Paprikastreifen dazugeben und unter Rühren 5 Minuten mitbraten.
3. Das Sauerkraut zugeben, mit der Gemüsebrühe ablöschen, aufkochen lassen und bei mittlerer Hitze etwa 5 Minuten leise garen lassen. Mit Salz und Paprikapulver würzen. Fischfilet dazugeben und weitere 10 Minuten ziehen lassen.

Tipp Probieren Sie die Suppe alternativ mit **Seelachs-** oder **Zanderfilet**. Sauerkraut muss nicht sein, aber es gibt der Suppe den besonderen Pfiff.

Pikanter Fischsalat

Für 1 Portion

1 Portion gegartes Heringsfilet

1 Portion Gemüse (Knollensellerie, Gewürzgurke, Radicchioblätter)

1 Apfel

1 EL Balsamicoessig

Salz

frisch gemahlener Pfeffer

1 EL Schnittlauchröllchen

Zubereitung

1. Heringsfilet in Würfel schneiden. Sellerie waschen, schälen und in feine Streifen schneiden. Apfel entkernen und ebenso wie die Gewürzgurke in Würfel schneiden. Alles miteinander vermischen. Mit Balsamicoessig, Salz und Pfeffer würzen.
2. Den Fischsalat mindestens 30 Minuten ziehen lassen, je länger, desto besser.
3. Ein paar Radicchioblätter waschen, trockenschleudern und auf einem Teller anrichten. Den Fischsalat in die Mitte geben und mit Schnittlauchröllchen bestreuen.

Gefüllte Schollenfilets

Für 1 Portion

1 Portion Schollenfilets

1 EL Zitronensaft

Salz

frisch gemahlener Pfeffer

1/2 Bund frischer Dill

1 EL gehackte Petersilie

1 Portion Zucchini

100 ml Gemüsebrühe

Zubereitung

1. Schollenfilets kalt waschen, trockentupfen und der Länge nach halbieren. Mit Zitronensaft, Salz und Pfeffer würzen. Einen Teil des Dills abzupfen, hacken und mit der Petersilie auf dem Fisch verteilen.

2. Zucchini putzen, längs in dünne Streifen schneiden, salzen und in einer heißen, beschichteten Pfanne kurz anbraten. Die gebratenen Zucchinistreifen auf die Schollenfilets legen, gemeinsam aufrollen und mit Holzspießchen feststecken.

3. Die Fisch-Gemüse-Röllchen in einer heißen, beschichteten Pfanne kurz anbraten, mit der Gemüsebrühe ablöschen und etwa 10 Minuten bei mittlerer Hitze leise kochen lassen.

4. Die Schollenfilets aus der Brühe nehmen, auf einem Teller anrichten und mit dem restlichen Dill garnieren. Dazu reicht man Salat oder gedünstetes Gemüse.

Tipp Zum Füllen der Schollenfilets eignen sich auch **Auberginen**, die man zubereitet wie den Zucchino, oder auch **Möhren** und **Porree**, die man klein schneidet und vor dem Füllen dünstet. Eine weitere Variante ergibt sich mit **Brokkoli**. Diesen dafür dünsten, pürieren, gut würzen und auf die Schollenfilets streichen.

Bei Metabolic Balance soll man jeden Bissen genießen, auch optisch.

Rezepte mit Hülsenfrüchten

Unter den pflanzlichen Eiweißlieferanten kommt den Hülsenfrüchten eine große Bedeutung zu. Sojabohnen, Linsen, Kichererbsen und weiße Bohnen lassen sich vielfältig zubereiten.

Bohnentaler

Für 1 Portion

1 Portion weiße Bohnen

Bohnenkraut

1 Roggenvollkornknäckebrot

2–3 EL Wasser

Salz

frisch gemahlener Pfeffer

Muskatnuss

Kurkuma

1 Bund Schnittlauch, fein geschnitten

Zubereitung

1. Die Bohnen über Nacht in kaltem Wasser einweichen. Am nächsten Tag das Einweichwasser weggießen und die Bohnen in frischem Wasser mit dem Bohnenkraut 20 Minuten garen.

2. Das Knäckebrot zerbrechen und in etwas Wasser einweichen; es soll ein fester Brei werden.

3. Sobald die Bohnen weich sind, das überschüssige Wasser weggießen und die Bohnen gut abtropfen lassen. Mit einem Pürierstab pürieren und mit Salz, Pfeffer, Muskatnuss und Kurkuma kräftig würzen. Das eingeweichte Brot dazugeben und alles gut durchkneten.

4. Den Backofen auf 200 °C (Umluft 180 °C, Gas Stufe 3-4) vorheizen. Aus dem Brei Taler formen und im Backofen kurz erwärmen. Die Taler herausnehmen und in Schnittlauchröllchen wenden.

Tipp Die Bohnentaler schmecken gut zu Salat oder Gemüse. Bohnentaler lassen sich auch mit **braunen Bohnen** oder **Kidney-Bohnen** zubereiten.

Tipp Für Hülsenfrüchte-Liebhaber etwas Besonderes: Gleich eine größere Menge Hülsenfrüchte (Linsen, Kichererbsen, weiße Bohnen) einweichen und kochen, denn gekochte Hülsenfrüchte lassen sich sehr gut einfrieren.

Gefüllte Rotkohlblätterschnecken

Für 1 Portion

1 Portion Sojabohnen

1 Portion Gemüse (Rotkohlblätter, Staudensellerie, rote Paprikaschote, 1 EL gehackte Zwiebeln)

1 Knoblauchzehe

Salz

Majoran

Oregano

Zubereitung

1. Die Sojabohnen über Nacht in kaltem Wasser einweichen. Am nächsten Tag das Einweichwasser abgießen, die Sojabohnen mit etwa 1/4 Liter frischem Wasser aufkochen und zugedeckt etwa 20 Minuten garen. (Wenn es schnell gehen muss, kann man die Sojabohnen im Schnellkochtopf in etwa 10 Minuten garen).

2. Zwei Rotkohlblätter in kochendem Salzwasser blanchieren. Staudensellerie waschen, putzen und in dünne Ringe schneiden. Paprikaschote waschen, putzen und in kleine Würfelchen schneiden.

3. Den Knoblauch abziehen, durch eine Knoblauchpresse drücken und zusammen mit den Zwiebeln in einer heißen, beschichteten Pfanne anrösten. Das Gemüse und etwas Wasser zugeben und unter Rühren andünsten. Mit Salz, Majoran und Oregano würzen.

4. Die gegarten Sojabohnen abgießen und mit einem Pürierstab pürieren. Das Gemüse untermischen. Die Sojabohnen-Gemüse-Mischung auf den Rotkohlblättern verteilen, die Blattränder seitlich einschlagen und das Ganze aufrollen. Die fertige Rolle in 3 Zentimeter dicke Stücke schneiden.

5. Den Backofen auf 200 °C (Umluft 180 °C, Gas Stufe 3-4) vorheizen. Die Schnecken auf einer Schnittfläche in eine Auflaufform legen und im Backofen 5 bis 10 Minuten erwärmen.

Tipp Das Rezept eignet sich auch für **Kichererbsen**, **weiße Bohnen**, **Kidney-Bohnen** und **Linsen**. Wenn Kidney-Bohnen oder Linsen verwendet werden, sollte man Blätter von **Weißkohl**, **Wirsing** oder **Grünkohl** statt der Rotkohlblätter verwenden. Als Gemüsevarianten zu den Sojabohnen können auch beispielsweise **Chinakohl**, **Porree** oder **Möhren** dienen.

Fenchelsuppe mit Linsen

Für 1 Portion

1 Portion Gemüse (Fenchelknolle, 1 EL gehackte Zwiebeln)

1 Portion rote Linsen

1/2 l Gemüsebrühe

Salz

frisch gemahlener Pfeffer

Majoran

Thymian

Schnittlauchröllchen

Zubereitung

1. Fenchel waschen, putzen und in fingerbreite Stücke schneiden. Zwiebeln in heißer Pfanne anrösten, Linsen dazugeben und bei mittlerer Hitze unter Rühren einige Sekunden anbraten. Fenchel dazugeben und mit Gemüsebrühe aufgießen. Das Ganze aufkochen und bei schwacher Hitze 5 Minuten garen lassen, gelegentlich umrühren.

2. Die Suppe mit Salz, Pfeffer, Majoran und Thymian würzen und kurz vor dem Servieren mit Schnittlauchröllchen bestreuen.

Tipp Man kann auch **braune Linsen** verwenden, allerdings sollte man diese über Nacht einweichen, dann werden sie schneller weich.

Kichererbsen-Spinat-Suppe

Für 1 Portion

1 Portion Kichererbsen

1 Knoblauchzehe

1 Portion Gemüse (1 EL gehackte Zwiebeln, frischer Blattspinat)

1/2 l Gemüsebrühe

1 TL Paprikapulver

1 TL Kurkuma

1/2 TL Zimt

etwas Zitronensaft

Zubereitung

1. Kichererbsen über Nacht kalt einweichen. Am nächsten Tag das Einweichwasser abgießen. Kichererbsen mit 1/4 Liter frischem Wasser zum Kochen bringen, etwa 20 Minuten zugedeckt kochen lassen.

2. Knoblauch abziehen, pressen und mit den Zwiebeln in einem heißen Topf anbraten. Mit der Brühe aufgießen. Kichererbsen dazugeben und mit Paprikapulver, Kurkuma, Zimt und Zitronensaft würzen.

3. Blattspinat waschen, abtropfen lassen, dazugeben und bei schwacher Hitze leise garen lassen, bis er weich ist.

Tipp Es kann auch tiefgefrorener **Blattspinat** oder **Mangold** verwendet werden. Für Eilige empfehlen sich Kichererbsen aus der Dose. Die Suppe schmeckt durchgezogen am nächsten Tag fast noch besser.

Kichererbsensalat

Für 1 Portion

1 Portion Kichererbsen

1 Portion Gemüse (Salatgurke, Tomaten, Frühlingszwiebeln)

Salz

1 Orange

1 EL Balsamicoessig

frisch gemahlener Pfeffer

1 Knoblauchzehe

Zubereitung

1. Kichererbsen über Nacht in kaltem Wasser einweichen. Einweichwasser weggießen, Kichererbsen in frischem Wasser 20 Minuten garen.
2. Salatgurke grob raspeln, salzen und Wasser ziehen lassen. Tomaten grob hacken. Eine Hälfte der Orange auspressen, die andere schälen und würfeln. Orangensaft mit Essig, Salz und Pfeffer mischen.
3. Frühlingszwiebeln in feine Scheiben schneiden. Den Knoblauch abziehen, durch eine Knoblauchpresse drücken und mit den Frühlingszwiebeln in einer heißen, beschichteten Pfanne anbraten. Orangensaft-Essig-Marinade aufgießen. Die weichen Kichererbsen abschütten und die Marinade darüber geben. Die Gurkenmasse mit den Händen ausdrücken und zusammen mit der Tomate und der Orange unter die Kichererbsen mischen.

Der Salat schmeckt lauwarm oder kalt. Statt Orangen kann auch Mango oder Papaya, zum Teil leicht püriert, verwendet werden.

Rezepte mit Fleisch

Ein weiteres Standbein der Ernährung bei Metabolic Balance ist Fleisch, da es ein guter Eiweißlieferant ist. Je nach individueller Stoffwechsellage empfiehlt das Programm Fleisch von sechs Tierarten – immer mit dem Wissen, dass nur eine Fleischart pro Tag verzehrt werden soll. Es handelt sich bei den Empfehlungen immer um mageres Fleisch. Bei Geflügel sollte deshalb die fettreiche Haut nicht mitverzehrt werden. Für die schnelle Zubereitung bietet sich Hackfleisch an, zumal es sich gut würzen und variantenreich zubereiten lässt.

Pikante Hackpfanne mit Ananas

Für 1 Portion

- 1 Stück Ingwer
- 1 Knoblauchzehe
- 1 Chilischote
- 1 Portion Ananas (frisch oder aus der Dose ohne Zucker)
- 1 Portion Rinderhack
- 1 EL gehackte Zwiebeln
- Salz
- frisch gemahlener Pfeffer
- edelsüßes Paprikapulver
- 3 Oliven
- 1/4 l Gemüsebrühe
- frischer Koriander

Zubereitung

1. Ingwer schälen, Knoblauch abziehen, beides fein hacken. Chilischote längs aufschneiden, entkernen und hacken. Ananas stückeln.
2. Hackfleisch in einer heißen, beschichteten Pfanne unter Rühren etwa 10 Minuten kräftig anbraten. Zwiebeln, Knoblauch, Ingwer und Chili zufügen und mitbraten. Mit Salz, Pfeffer und Paprikapulver würzen.
3. Oliven in Scheiben schneiden. Mit Ananas und Brühe zum Fleisch geben. Weitere 10 Minuten bei starker Hitze schmoren lassen.
4. Die Korianderblätter abzupfen, fein hacken und über die Hackpfanne streuen.

Tipp Die Hackpfanne kann mit Gemüse erweitert werden, beispielsweise mit **Möhren**, **Fenchel** oder **Kohlrabi**. Eine Pilzvariante entsteht durch die Zugabe von **Champignons**, **Steinpilzen** oder **Pfifferlingen**. Anstelle der Ananas kann es auch **Mango** oder **Pfirsich** sein oder man lässt das Obst ganz weg.

Zu den Hackspießen passt Salat oder Gemüse. Anstatt Porree können auch Chicoréeblätter verwendet werden.

Hackspieße im Porreemantel

Für 1 Portion

1 Portion Gemüse (Porree, 1 EL gehackte Zwiebeln)

1 Knoblauchzehe

1 Portion Geflügelhack

1/2 TL gemahlener Ingwer

Salz

frisch gemahlener Pfeffer

Cayennepfeffer

gemahlenes Zitronengras

Zimt

Zubereitung

1. Den Porree putzen, der Länge nach einschneiden, waschen und in zwei etwa 18 Zentimeter lange Stücke schneiden. In kochendem Wasser etwa 4 Minuten garen, herausnehmen und abtropfen lassen.

2. Knoblauch abziehen und fein hacken. Knoblauch und Zwiebeln unter das Hackfleisch mischen. Mit Ingwer, Salz, Pfeffer, Cayennepfeffer, Zitronengras und Zimt würzen und alles gut verkneten.

3. Den Porree auf Folie zu einer Platte legen, Hack andrücken, mit Hilfe der Folie aufrollen und die Folie entfernen. Die Fleischrolle in etwa 3 Zentimeter lange Stücke schneiden und diese auf Spieße stecken. In einer heißen beschichteten Pfanne etwa 5 Minuten von allen Seiten braten.

Hähnchen im Zucchini-Mantel

Für 1 Portion
1 Portion Hähnchenbrustfilet
Salz
frisch gemahlener Pfeffer
1 Portion Gemüse (Brokkoli, Zucchini)
150 ml Gemüsebrühe
Petersilienblätter

Zarte Hähnchenbrust köstlich verpackt.

Zubereitung

1. Das Hähnchenbrustfilet kalt waschen, trockentupfen, von der Haut befreien, seitlich einschneiden und auseinander klappen. Mit Salz und Pfeffer würzen.

2. Den Brokkoli waschen, putzen, in kleine Röschen teilen und in Salzwasser bissfest garen. Gegarten Brokkoli auf das Hähnchenbrustfilet legen und dieses zusammenklappen.

3. Zucchini waschen, putzen und längs in 2 bis 3 Millimeter dünne Scheiben schneiden. Je nach Dicke der Zucchini werden 2 bis 3 Scheiben zum Umwickeln benötigt. Die Zucchinischeiben in kochendem Salzwasser kurz blanchieren, mit kaltem Wasser abschrecken und abtropfen lassen. Vorsichtig um die Filetstücke wickeln und mit Rouladenspießchen feststecken.

4. In einer heißen Pfanne bei mittlerer Hitze anbraten und mit der Brühe ablöschen. Bei geschlossenem Deckel noch 8 bis 10 Minuten bei schwacher Hitze garen lassen. Mit Petersilienblättern garnieren.

Tipp Das Hähnchenbrustfilet kann man mit anderem Gemüse füllen, wichtig ist nur, dass es schon etwas vorgegart ist. Sie mögen kein Hähnchenfleisch? Dann nehmen Sie **Kalbs-** oder **Putenschnitzel** und klopfen Sie die Schnitzel vor der Verarbeitung zwischen zwei Gefrierbeuteln flach.

Lammfrikadellen

Für 1 Portion

- 1 Knoblauchzehe
- 1/2 Portion Gemüse (rote Paprikaschote, 1 EL gehackte Zwiebeln)
- 1 Portion Lammhack
- Salz
- 1 TL Cayennepfeffer
- 1 TL Kreuzkümmel

Zubereitung

1. Die Knoblauchzehe abziehen und fein hacken. Paprikaschote waschen, Stielansatz und Trennwände mit Samen entfernen und das Fruchtfleisch in feine Würfelchen schneiden.
2. Das Lammhack mit Zwiebeln, Knoblauch und Paprika vermengen. Mit Salz, Cayennepfeffer und Kreuzkümmel würzen. Aus der Masse Bällchen formen und in einer heißen, beschichteten Pfanne rundherum herausbraten.

Tipp Die Frikadellen schmecken auch köstlich mit **Rinderhack** oder **Geflügelhack**. Die andere halbe Portion Gemüse kann man als gedünstetes Gemüse dazu servieren.

Putenschnitzel mit Gemüsepüree

Für 1 Portion

- 1 Portion Gemüse (Knollensellerie, Möhren)
- 100 ml Gemüsebrühe
- Salz
- frisch gemahlener Pfeffer
- Oregano
- Majoran
- 1 Portion Putenschnitzel
- 1 EL Schnittlauchröllchen

Zubereitung

1. Sellerie und Möhren waschen, putzen, grob raspeln und vermischen. Mit der Gemüsebrühe zum Kochen bringen und etwa 15 Minuten bei schwacher Hitze garen lassen.
2. Sellerie-Möhren-Mischung pürieren und mit Salz, Pfeffer, Oregano und Majoran würzen.
3. Putenschnitzel kalt waschen, trockentupfen, in einer heißen, beschichteten Pfanne braten und würzen. Mit Sellerie-Möhren-Püree auf einem warmen Teller anrichten; mit Schnittlauch bestreuen.

Tipp Das Püree lässt sich auch gut mit **Brokkoli**, **Blumenkohl** und **Avocado** zubereiten.

Rouladen mit Paprikafüllung

Für 1 Portion

1 Portion Gemüse (rote, grüne Paprikaschoten, 1 EL gehackte Zwiebeln)

1 Portion Rinderrouladen

Salz

frisch gemahlener Pfeffer

edelsüßes Paprikapulver

1 Zweig Salbei

150 ml Gemüsebrühe

Zubereitung

1. Paprikaschoten waschen, putzen und in Würfelchen schneiden. In einer heißen Pfanne Zwiebeln und Paprika etwa 5 Minuten dünsten.
2. Rouladen kräftig würzen. Salbei in feine Streifen schneiden. Paprika-Zwiebel-Mischung auf den Rouladen verteilen und mit Salbei bestreuen. Rouladen aufrollen und feststecken. In einer heißen, beschichteten Pfanne kräftig von allen Seiten anbraten. Brühe aufgießen. Bei geschlossenem Deckel etwa 60 Minuten schmoren lassen.

Tipp Für Putenrouladen **Putenschnitzel** verwenden und diese nur 20 Minuten garen. Zum Andicken des Bratenfonds etwa 10 Minuten vor Ende der Garzeit etwas **Gemüse** zugeben, leise mitkochen lassen und den Bratfond mit dem Gemüse kurz vor dem Servieren pürieren.

Hähnchenbrust mit Kräuterkruste

Für 1 Portion

1/2 Portion Gemüse (Tomate, Schalotten)

1 EL gehackte Petersilie

1 EL gehackter Thymian

Salz

frisch gemahlener Pfeffer

Paprikapulver

1 Portion Hähnchenbrust

Zubereitung

1. Für die Kräuterkruste eine Tomate würfeln. Eine Schalotte würfeln, eine andere in Spalten schneiden. Die Schalottenwürfel kurz andünsten, Tomaten und Kräuter dazugeben und würzen.
2. Das Fleisch würzen, in Scheiben schneiden und in einer heißen Pfanne kräftig anbraten. Die Schalottenspalten zugeben und mitbraten. Die Kräutermischung auf dem Fleisch verteilen.
3. Backofen auf 200 °C (Umluft 180 °C, Gas Stufe 3-4) vorheizen. Das Fleisch mit der Kräuterkruste im Backofen etwa 10 Minuten backen.

Tipp Die Kräuterkruste mit Oregano, Basilikum und Majoran würzen.

Rinderfilet mit Nektarinenspalten

Für 1 Portion

1 Portion Gemüse (Möhren, Frühlingszwiebeln)

1 Nektarine

1 Portion Rinderfilet

Salz

Cayennepfeffer

100 ml Gemüsebrühe

1 EL Sojasauce (ohne Weizenstärke)

1 EL Schnittlauchröllchen

Zubereitung

1. Möhren waschen, putzen, in Würfelchen schneiden und in einer heißen Pfanne etwa 10 Minuten dünsten.
2. Frühlingszwiebeln putzen und in feine Ringe schneiden. Die Nektarine waschen, halbieren, den Stein entfernen und das Fruchtfleisch in Spalten schneiden. Das Fleisch in Streifen schneiden.
3. Das Fleisch in einer heißen Pfanne kräftig anbraten, mit Salz und Cayennepfeffer würzen und aus der Pfanne nehmen. Die Frühlingszwiebeln und Nektarinenspalten in die Pfanne geben, kurz andünsten und ebenfalls aus der Pfanne nehmen.
4. Die weich gedünsteten Möhren in die Pfanne geben und mit Gemüsebrühe und Sojasauce aufgießen, kurz aufkochen lassen, abschmecken und pürieren. Fleisch und Obstmischung in die Sauce geben, nochmals kurz durchziehen lassen und mit Schnittlauch garnieren.

Tipp Die Sauce kann auch angedickt werden mit **Pastinaken** oder **Topinambur**, die ebenso wie die Möhren zuvor gedünstet und dann püriert werden.

Nektarinen reifen bei Zimmertemperatur nach und werden dabei aromatischer.

Rezepte mit Käse

Das Käseangebot gut sortierter Läden ist enorm, doch zum Abnehmen sollte man fettarme Varianten wählen wie etwa Hüttenkäse, Harzer Käse und Magerquark. Nicht nur für Menschen mit einer Allergie auf das Eiweiß der Kuhmilch bieten sich Ziegen- und Schafkäse an, da sie mit ihrem feinen Eigengeschmack jedes Gericht geschmacklich bereichern. Aber Augen auf beim Einkauf, der Begriff Feta ist nicht für Schafmilchkäse geschützt. Feta besteht oft aus Kuhmilch.

Gefüllte Kohlrabi

Für 1 Portion

1 Portion Kohlrabi

1 TL gekörnte Gemüsebrühe

1 Portion Hüttenkäse

Salz

frisch gemahlener Pfeffer

Paprikapulver

Zubereitung

1. Kohlrabi waschen, schälen und in einem Topf mit etwas Wasser und Gemüsebrühe weichkochen; am schnellsten geht es mit dem Schnellkochtopf in etwa 10 Minuten.

2. In der Zwischenzeit den Hüttenkäse mit Salz, Pfeffer und Paprikapulver kräftig würzen.

3. Gegarte Kohlrabi aus dem Topf nehmen und in der Mitte aushöhlen. Das Kohlrabifleisch fein zerdrücken und unter den Hüttenkäse mischen. Die Füllung in die ausgehöhlten Knollen geben.

4. Den Backofen auf 220 °C (Umluft 200 °C, Gas Stufe 4-5) vorheizen. Die gefüllten Kohlrabi in eine feuerfeste Form setzen, etwas Kohlrabisud dazugeben und im Backofen 10 Minuten backen.

Tipp Zum Füllen eignen sich auch **Zucchini**, **Auberginen** und **Gemüsezwiebeln**. Der Hüttenkäse kann ersetzt werden durch **Schaf-** oder **Ziegenkäse**, wobei diese Käsearten zerdrückt und mit etwas Mineralwasser glatt gestrichen werden.

Harzer-Käse-Salat

Für 1 Portion

- 1 Portion Harzer Käse
- 1 Apfel
- 1 Essiggurke
- 1 EL gehackte Zwiebeln
- Salz
- Pfeffer
- 1 EL Balsamicoessig
- gehackte Petersilie

Zubereitung

1. Den Harzer Käse schräg in Scheiben schneiden.
2. Den Apfel waschen, das Kerngehäuse entfernen und das Fruchtfleisch fein stifteln. Die Essiggurke etwas abtropfen lassen und in feine Scheiben schneiden.
3. Käsescheiben, Apfelstifte, Gurkenscheiben und die Zwiebelwürfel in einer Schüssel miteinander mischen. Mit Salz, Pfeffer und Balsamicoessig würzen.
4. Den Salat gut durchziehen lassen und kurz vor dem Servieren mit Petersilie bestreuen.

Gemüselasagne mit Schafkäse

Für 1 Portion

- 1 Portion Gemüse (Chicoréeblätter, Rotkohlblätter, rote Paprikaschote)
- 1 Portion Schafkäse
- etwas Mineralwasser
- Salz
- frisch gemahlener Pfeffer
- Schnittlauch

Zubereitung

1. Salzwasser aufkochen und zuerst die Chicorée-, dann die Rotkohlblätter kurz blanchieren. Herausnehmen und abtropfen lassen.
2. Schafkäse zerdrücken und mit etwas Mineralwasser glatt rühren. Mit Salz, Pfeffer und Schnittlauch würzen. Die Paprikaschote waschen, putzen, fein würfeln und unter den Schafkäse rühren.
3. Eine feuerfeste Form mit den Chicoréeblättern auslegen und eine Schicht Käsemasse darüber streichen. Anschließend Rotkohlblätter darüber legen und eine weitere Schicht Schafkäse aufbringen.
4. Den Backofen auf 220 °C (Umluft 200 °C, Gas Stufe 4-5) vorheizen. Die Lasagne im Backofen etwa 15 Minuten backen.

Tipp Zur Herstellung einer Gemüselasagne eignen sich auch **Wirsing**, **Grünkohl** und **Weißkraut**, deren Blätter ebenso blanchiert werden.

Cremesuppe mit Ziegenkäse

Für 1 Portion

1 Portion Gemüse (Brokkoli, Porree)

1/4 l Gemüsebrühe

Salz

frisch gemahlener Pfeffer

1 Prise Currypulver

1 Portion Ziegenkäse

Kräuter nach Belieben

Zubereitung

1. Den Brokkoli waschen, putzen und in kleine Röschen teilen. Den Porree waschen, putzen und in dünne Ringe schneiden.
2. In einem Topf die Brokkoliröschen in etwas Wasser bissfest dünsten und einige anschließend herausnehmen. Die Hälfte des geschnittenen Porrees zu den verbliebenen Brokkoliröschen in den Topf geben und noch etwa 8 Minuten mitdünsten.
3. Mit einem Pürierstab die Brokkoli-Porree-Mischung pürieren und mit der Gemüsebrühe aufgießen. Gut würzen und die zurückgelegten Brokkoliröschen dazugeben.
4. Den Ziegenkäse in Würfel schneiden, zur Brokkoli-Porree-Cremesuppe dazugeben und kurz durchziehen lassen. Mit gehackten Kräutern bestreuen.

Erfrischend anders, eine Gemüsecremesuppe mit Charakter.

Ziegenkäse mit Apfelsauce

Für 1 Portion

- 1 Portion Ziegenkäse
- 1 Stück Ingwer
- 1 Apfel
- 1 EL gehackte Zwiebel
- Salz
- 1 EL Balsamicoessig
- etwas Wasser

Zubereitung

1. Den Ziegenkäse in Scheiben schneiden.
2. Den Ingwer schälen und klein hacken. Den Apfel waschen, entkernen und in Spalten schneiden.
3. Zwiebeln kurz ohne Fett anrösten. Apfelspalten und Ingwer dazugeben und mitdünsten.
4. Mit etwas Salz würzen, mit etwas Balsamicoessig und Wasser ablöschen und die Sauce etwa 5 Minuten dünsten lassen.
5. Die Ziegenkäsescheiben auf einem vorgewärmten Teller anrichten und die Apfel-Zwiebel-Sauce darüber verteilen.

Gebackener Schafkäse

Für 1 Portion

- 1 Portion Schafkäse
- 1 Portion Gemüse (Zwiebeln, Tomaten, Peperoni)
- 1 Knoblauchzehe
- etwas Paprikapulver

Zubereitung

1. Eine entsprechend große Auflaufform mit Alufolie auskleiden und den Schafkäse einlegen.
2. Eine Zwiebel schälen und die Knoblauchzehe abziehen. Die Zwiebel fein hacken und den Knoblauch in feine Scheiben schneiden. Tomaten putzen und in Scheiben schneiden. Peperoni entkernen und in dünne Ringe schneiden. Alles über dem Käse verteilen. Mit Paprikapulver bestreuen.
3. Den Backofen auf 180 °C (Umluft 160 °C, Gas Stufe 2-3) vorheizen. Die Form in den Backofen stellen und den Schafkäse etwa 20 Minuten backen.

Tipp Bedecken Sie die Form zusätzlich mit Alufolie, damit der Schafkäse nicht austrocknet.

Rezepte mit Sprossen

Sprossen und Keimlinge sind sehr eiweißhaltig, vitamin- und mineralstoffreich. Einige enthalten aber schädliche Stoffe wie beispielsweise das giftige Phasin oder Hämagglutine, die in größeren Mengen zur Verklumpung der roten Blutkörperchen führen. Diese Stoffe werden durch Kochen zerstört oder durch Keimung teilweise abgebaut. Besonders betroffen sind Sprossen der Kichererbsen, Gartenerbsen, Adzukibohnen und der gelben Sojabohne. Deshalb ist es ratsam, diese Sprossen vor dem Verzehr kurz zu blanchieren.

Jede Eiweißsorte darf bei Metabolic Balance nur einmal täglich gegessen werden. Also nur einmal pro Tag Fleisch, Geflügel, Fisch, Käse oder Eier essen. Und pro Mahlzeit ist ebenso nur eine Eiweißsorte erlaubt.

Sprossen selbst ziehen

Um Sprossen selbst zu ziehen, benötigt man keimfähige Samen, die man im Reformhaus und in Samenhandlungen erhält. Man sollte keine zur Aussaat im Garten bestimmten Samen zum Sprossen ziehen verwenden, da diese immer chemisch vorbehandelt sind. Einfache Einmachgläser eignen sich zur Sprossenzucht genauso gut wie die im Handel angebotenen Keimgefäße. Folgendes ist zu beachten: In das Gefäß nur so viel Samen geben, dass der Boden 2 bis 3 Zentimeter hoch bedeckt ist. Anschließend das Glas mit kaltem Wasser auffüllen und die Samen einige Stunden quellen lassen. Die Samen in einem Sieb gut abtropfen lassen und dann gründlich mit kaltem Wasser durchspülen, abtropfen lassen. Die abgetropften Samen wieder zurück ins Einmachglas schütten. Das Gefäß mit einem luftdurchlässigen Stofftuch oder Mull bedecken und am besten mit einem Gummiring verschließen. Das Glas umdrehen und etwas schräg auf einen Teller legen, damit überschüssiges Wasser ablaufen kann. Das Glas stellt man an einen hellen, gleichmäßig warmen Ort ohne direkte Sonneneinstrahlung. Die Keimlinge jeden Tag zwei- bis dreimal gut durchspülen. Nach einigen Tagen sind die Sprossen reif zum Verzehr.

Bunter Sprossensalat

Zubereitung

1. Die Sprossen kalt abspülen und abtropfen lassen. Die Salatblätter waschen, trockenschwenken und grob zerrupfen. Die Radieschen in dünne Scheiben schneiden. Den Apfel waschen, Kerngehäuse entfernen und in feine Spalten schneiden.

2. Zwiebeln, Essig, Salz und Pfeffer zu einer Sauce verrühren. Apfelspalten und Radieschenscheiben untermischen. Die Sprossen unterheben. Schnittlauch in Röllchen schneiden, Petersilie hacken.

3. Die Salatblätter auf Tellern anrichten und die Sprossenmischung darauf verteilen. Mit Schnittlauch und Petersilie bestreuen.

Tipp Adzukibohnen gehören zu den Sprossen, die man am besten vor der Zubereitung blanchiert.

Für 1 Portion

1 Portion Adzukibohnensprossen

1 Portion Gemüse (Eisbergsalat, Radicchio, Kopfsalat, Radieschen, 1/2 EL gehackte Zwiebeln)

1 Apfel

1 EL Balsamicoessig

Salz

Pfeffer

Schnittlauch

Petersilie

Suppe mit Linsensprossen

Zubereitung

1. Die ausgewählte Gemüseart putzen, schälen, in Scheiben schneiden beziehungsweise in Röschen teilen und in der Gemüsebrühe etwa 10 Minuten bissfest garen. Inzwischen die Linsensprossen gut durchwaschen und abtropfen lassen.

2. Die Hälfte des Gemüses aus der Gemüsebrühe nehmen und die Hälfte der Linsensprossen in die Brühe geben. Die Suppe mit einem Pürierstab pürieren. Mit Kräutersalz, Pfeffer und Estragon würzen.

3. Die beiseite gelegten Gemüsescheiben oder -röschen und die restlichen Linsensprossen in die Suppe geben und diese vor dem Servieren noch kurz durchziehen lassen.

Für 1 Portion

1 Portion Gemüse (Pastinaken, Brokkoli, Blumenkohl, Topinambur oder Möhren)

1/4 l Gemüsebrühe

1 Portion Linsensprossen

Kräutersalz

frisch gemahlener Pfeffer

Estragon

Champignon-Sprossen-Salat

Für 1 Portion

1 Portion Mungobohnenkeimlinge

1 Portion Gemüse (Champignons, Avocado)

Saft von 1 Zitrone

Kräutersalz

frisch gemahlener Pfeffer

Muskatnuss

Zubereitung

1. Die Keimlinge auf ein Sieb geben, gut durchwaschen und abtropfen lassen. Die Pilze putzen und je nach Größe halbieren.

2. Das Fruchtfleisch der Avocado mit einem Löffel aus der Schale lösen und zusammen mit 200 Milliliter Wasser und dem Zitronensaft in einen Mixer geben oder mit einem Pürierstab pürieren. Das Dressing mit Kräutersalz, Pfeffer und Muskatnuss würzen.

3. Die Keimlinge mit den Pilzen in einer Schüssel mischen, das Dressing zugeben und untermischen. Den Salat vor dem Verzehr 10 Minuten ziehen lassen.

Deftiger Vital-Sprossen-Topf

Für 1 Portion

1 Portion Gemüse (Schwarzwurzel, grüne Bohnen)

1 Knoblauchzehe

Bohnenkraut

Salz

frisch gemahlener Pfeffer

1 Portion Kichererbsensprossen

frische Kräuter

Zubereitung

1. Schwarzwurzel waschen, putzen, schälen und in dünne Scheiben schneiden. Bohnen waschen, putzen und in 2 Zentimeter lange Stücke schneiden. Knoblauch abziehen und in feine Scheiben schneiden.

2. Den Knoblauch in einer heißen Pfanne anrösten. Die Schwarzwurzel und die Bohnen dazugeben. Mit Bohnenkraut, Salz und Pfeffer kräftig würzen. 200 Milliliter Wasser aufgießen und alles bei mittlerer Hitze 15 Minuten unter gelegentlichem Rühren bei schwacher Hitze leise kochen lassen.

3. Zum Schluss die Kichererbsensprossen kurz abspülen, abtropfen lassen, zum Gemüse geben und kurz mitziehen lassen. Das Gericht nochmals abschmecken und mit frischen Kräutern bestreuen.

Tipp Alternativ **Porree**, **Sellerie** oder **Möhren** statt Schwarzwurzeln.

Gefüllte Wirsingröllchen

Für 1 Portion

1 Portion Gemüse (2 Wirsingblätter, Möhren, Champignons, 1 EL gehackte Zwiebeln)

1 Stück frischer Ingwer

1 Knoblauchzehe

1 Portion Mungobohnensprossen

Salz

frisch gemahlener Pfeffer

1/8 l Gemüsebrühe

Schnittlauchröllchen

Zubereitung

1. Die Wirsingblätter kurz in kochendem Wasser blanchieren und in eiskaltem Wasser abschrecken; so bleibt die Farbe erhalten. Die dicken Rippen flach schneiden.

2. Die Möhren waschen, schälen und grob reiben. Die Pilze putzen und in feine Scheiben schneiden. Den Ingwer schälen, den Knoblauch abziehen und beides klein hacken.

3. In einer heißen Pfanne Zwiebeln und Ingwer andünsten, Knoblauch und Möhren dazugeben und bei geschlossenem Deckel etwa 5 Minuten bissfest garen. Pilze und Sprossen zugeben und weitere 2 Minuten bei schwacher Hitze garen lassen. Mit Salz und Pfeffer würzen.

4. Das Gemüse auf die Wirsingblätter verteilen. Die Längsseiten der Blätter etwas über die Füllung schlagen und die Blätter von der schmalen Seite her aufrollen, eventuell zusammenbinden.

5. In einer heißen Pfanne die Wirsingröllchen kurz von allen Seiten anbraten. Mit der Brühe aufgießen und mit aufgelegtem Deckel etwa 15 Minuten garen. Vor dem Servieren mit Schnittlauchröllchen bestreuen.

Die Wirsingröllchen schmecken auch mit Chinakohlblättern und Linsensprossen.

Rezepte mit Tofu

Das Grundnahrungsmittel Asiens hat schon vor vielen Jahren Einzug in die vegetarische Küche gefunden. Tofu, ein Käse beziehungsweise Quark aus Soja- oder Mungobohnen, ist eiweißreich, kalorienarm und natürlich cholesterinfrei. Also ideal, um im Rahmen von Metabolic Balance als guter Eiweißlieferant zu dienen. Zumal sich Tofu mit seinem neutralen Eigengeschmack vielfältig würzen und mit vielen Gemüsearten variantenreich zubereiten lässt.

Tofu-Fenchel-Küchle

Für 1 Portion

1 Portion Gemüse (Fenchel, 1 EL gehackte Zwiebeln)

1 Knoblauchzehe

1 EL gehackte Petersilie

1 Roggenvollkornknäckebrot

1 Portion Tofu

Salz

frisch gemahlener Pfeffer

Zubereitung

1. Fenchel waschen und fein hacken. Knoblauch abziehen und fein schneiden. Fenchel, Knoblauch, Petersilie und Zwiebeln in etwas Wasser dünsten, bis dieses verkocht ist.

2. Roggenvollkornknäckebrot zerbröseln und in etwas Wasser einweichen. Tofu mit einer Gabel fein zerdrücken, salzen und pfeffern. Das gedünstete Gemüse unter den Tofu mischen.

3. Das eingeweichte Knäckebrot – es sollte breiig sein – gut ausdrücken und unter die Tofu-Gemüse-Mischung mischen. Kleine Küchlein formen und in einer beschichteten Pfanne ausbacken.

Tipp Anstatt Fenchel kann für diese Zubereitung auch **Brokkoli** verwendet werden. Für etwas deftigeren Geschmack bietet es sich an, **Räuchertofu** zu verwenden. Man kann den Tofuteig auch zu Bällchen formen, im Backofen in etwa 15 Minuten ausbacken (Ober-/Unterhitze 220 °C, Umluft 200 °C, Gas Stufe 4-5) und diese dann als Suppeneinlage verwenden.

Pak-Choi-Gemüse mit Tofu

Für 1 Portion
- 1 Portion Tofu
- 1 EL Sojasauce
- etwas Balsamicoessig
- Salz
- frisch gemahlener Pfeffer
- 1 Portion Gemüse (Pak-Choi, grüne Bohnen, Frühlingszwiebeln)
- 1 rote Chilischote
- 1 EL gehackte Petersilie

Zubereitung

1. Den Tofu in Streifen schneiden. Aus Sojasauce, Balsamicoessig, Salz und Pfeffer eine Marinade herstellen. Den Tofu einlegen und gut 15 Minuten marinieren lassen.

2. Pak-Choi abspülen, Strunkansatz abschneiden und den Kohl in Streifen schneiden. Grüne Bohnen putzen und in Stücke schneiden.

3. Frühlingszwiebeln in Ringe schneiden. Chilischote aufschneiden, Kerne entfernen und das Fruchtfleisch fein würfeln.

4. Die marinierten Tofustreifen in einer beschichteten Pfanne anbraten. Herausnehmen und warm stellen. Die Bohnen in die Pfanne geben und unter ständigem Rühren etwa 2 Minuten braten. Pak-Choi und Frühlingszwiebeln dazugeben und etwa 1 Minute mitbraten. Zum Schluss die Chiliwürfel dazugeben und abschmecken. Mit Petersilie bestreuen.

Tofusuppe mit Weißkraut

Für 1 Portion
- 1 Portion Tofu
- 1 Portion Gemüse (Weißkraut, rote Paprikaschote, 1 EL gehackte Zwiebeln)
- 1/4 l Gemüsebrühe
- Salz
- frisch gemahlener Pfeffer
- Schnittlauchröllchen

Zubereitung

1. Tofu in Würfel schneiden. Weißkraut und das Fruchtfleisch der Paprikaschote in feine Streifen schneiden. In einem heißen Topf die Zwiebeln und den Tofu leicht andünsten. Weißkrautstreifen dazugeben, kurz mitdünsten und mit der Gemüsebrühe aufgießen. Etwa 10 Minuten bei schwacher Hitze garen lassen.

2. Die Paprikastreifen dazugeben und weitere 5 Minuten garen lassen. Mit Salz und Pfeffer würzen und mit Schnittlauchröllchen bestreuen.

Tipp Mit **Sauerkraut**, **Essiggurke** und **gelber Paprikaschote** variieren.

Tofu-Spieße

Für 1 Portion
1 Knoblauchzehe
1/2 TL Thymian
1/2 TL Rosmarin
1 EL Balsamicoessig
Salz
frisch gemahlener Pfeffer
1 Portion Tofu
1 Portion Gemüse (gelbe Paprikaschote, Zucchini, Champignons)

Zubereitung

1. Für die Marinade den Knoblauch abziehen, zerdrücken und mit Thymian, Rosmarin, Balsamicoessig, Salz und Pfeffer vermischen. Den Tofu abtropfen lassen, mit Küchenpapier trockentupfen und in Würfel schneiden. Die Tofuwürfel in der Marinade wälzen und 20 bis 30 Minuten marinieren.

2. Paprikaschote waschen, putzen und in 2,5 Zentimeter große Stücke schneiden. Kurz in kochendem Wasser blanchieren, in kaltem Wasser abschrecken und abtropfen lassen. Zucchini schälen und auch in 2,5 Zentimeter große Stücke schneiden.

3. Den Tofu aus der Marinade nehmen und diese aufheben. Die Tofuwürfel im Wechsel mit Paprika- und Zucchinistücken sowie Champignons auf Spieße stecken. Die Spieße in einer heißen Pfanne oder auf dem Grill etwa 6 Minuten braten, dabei wenden und ab und zu mit der Marinade bestreichen.

Tipp Wer es etwas süßer mag, kann auch eine Sorte Obst, etwa **Mango-**, **Ananas-** oder **Pfirsichwürfel** mit auf die Spieße stecken. Oder ein, zwei Stückchen Obst pürieren und unter die Marinade mischen.

Die Tofuspieße schmecken auch kalt sehr gut.

Tofu-Steinpilz-Ragout

Für 1 Portion

- 1 Portion Gemüse (Blumenkohl, Porree, Steinpilze, 1 EL gehackte Zwiebeln)
- 150 ml Gemüsebrühe
- 1 Portion Tofu
- Salz
- frisch gemahlener Pfeffer
- Muskatnuss

Zubereitung

1. Blumenkohl in Röschen teilen. Porree waschen, putzen und in feine Streifen schneiden. Steinpilze putzen. Blumenkohl in etwa 100 Milliliter Gemüsebrühe dünsten, bis er ganz weich ist. Mit dem Pürierstab zu einer sämigen Sauce verrühren.

2. Steinpilze und Zwiebeln in einer heißen Pfanne kurz anbraten, mit der restlichen Brühe ablöschen und die Porreestreifen dazugeben. Unter Rühren etwa 5 Minuten bei schwacher Hitze garen lassen.

3. Den Tofu in Würfel schneiden, dazugeben und weitere 5 Minuten bei schwacher Hitze garen lassen. Die Blumenkohlsauce untermischen und mit Salz, Pfeffer und Muskatnuss würzen.

Tipp Alternativ **Brokkoli**, **Sellerie** oder **Kohlrabi** verwenden.

Räuchertofu auf Feldsalat

Für 1 Portion

- 1 Portion Räuchertofu
- 1 Portion Gemüse (1 EL gehackte Zwiebeln, Feldsalat)
- 1 EL Balsamicoessig
- 2 EL Wasser
- Salz
- frisch gemahlener Pfeffer
- 1 TL Petersilie, Schnittlauch

Zubereitung

1. Räuchertofu in Würfel schneiden, 2 bis 3 Würfel beiseite legen und den restlichen Tofu mit den Zwiebeln scharf anbraten.

2. Für das Dressing die zurückgelegten Tofuwürfel mit einer Gabel zerdrücken. Balsamicoessig, Wasser, Salz und Pfeffer und etwas Kräuter dazugeben und alles gut miteinander mischen.

3. Feldsalat putzen und waschen, trockenschleudern und auf einem Teller anrichten. Die angebratenen Tofuwürfel darüber verteilen und mit dem Dressing übergießen. Mit den restlichen Kräutern bestreuen.

Tipp Statt Feldsalat **Eisbergsalat**, **Radicchio** oder **Rucola** verwenden.

Das Programm Metabolic Balance bieten Ärzte, Ernährungsberater und Heilpraktiker an. Informieren Sie sich unter www.metabolic-balance.com nach einem Betreuer, der in der Nähe Ihres Wohnortes ist.

Bereits erschienen im Südwest-Verlag

ISBN 978-3-517-06993-7

ISBN 978-3-517-08412-1

ISBN 978-3-517-08277-6

ISBN 978-3-517-08411-4

ISBN 978-3-517-08450-3

ISBN 978-3-517-08517-3
(ab April 09 lieferbar)

ISBN 978-3-517-08499-2
(ab Juni 09 lieferbar)

Adressen

In Metabolic Balance ausgebildete Betreuer in Deutschland, Österreich, Schweiz und anderen Ländern finden Sie immer aktuell unter www.metabolic-balance.com.

Das Onlineabonnement für alle Metabolic Balance Teilnehmer mit 2 Wochen kostenfreiem Zugang finden Sie unter www.mein-metabolic-balance.de.

Eine ausführliche Literaturliste über wissenschaftliche Artikel schickt der Autor auf Anfrage gerne zu.

Bildnachweis

Umschlagillustration: Jan Dirk Hansen

Klaus Arras, Köln; 3, 7 (2), 135, 136, 141, 145, 149, 153, 155, 156, 159, 162, 167, 170; getty images, München: 16 (Paul Vozdic/The Image Bank); 70 (Gary Cralle /The Image Bank); ifa-Bilderteam, München: 13 (Diaf); jump, Hamburg: 2, 6, 75, 103, (Kristiane Vey); mauritius-images, Mittenwald: 5 o., 43, 93, (age fotostock); 25 (Foodpix); 47 (Nonstock); 127 (Ripp); 81 (Stock image); Südwest-Verlag, München: 116 (M. Holz); 115 (R. Seiffe); 4 o., 39 (S. Sperl); 4 u., 19 (R. Schmitz); 5 u., 68 (N. Olonetzky); 21, 87 (M. Urban); 62 (H. Velten); Superbild, München: 30 (K. Thomas); systemed Verlag, Lünen: 83; zefa, Düsseldorf: 108 (M. Keller); 131 (pixland/B2M), Grafiken: Jan Dirk Hansen: 33, 77, 78, 88, 98, 105

Hinweis

Die Ratschläge in diesem Buch sind von Autoren und Verlag sorgfältig erwogen und geprüft; dennoch kann eine Garantie nicht übernommen werden. Eine Haftung der Autoren bzw. des Verlags und dessen Beauftragten für Personen-, Sach- und Vermögensschäden ist ausgeschlossen.

Impressum

© 2009 by Südwest Verlag, einem Unternehmen der Verlagsgruppe Random House GmbH, 81673 München

Alle Rechte vorbehalten. Vollständige oder auszugsweise Reproduktion, gleich welcher Form (Fotokopie, Mikrofilm, elektronische Datenverarbeitung oder durch andere Verfahren), Vervielfältigung, Weitergabe von Vervielfältigungen nur mit schriftlicher Genehmigung des Verlags.

Redaktionsleitung
Susanne Kirstein
Rezeptentwicklung
Silvia Bürkle
Redaktion
Dr. Ute Paul-Prößler
Gesamtproducing
v|Büro –
Jan-Dirk Hansen
Bildredaktion
Christa Jaeger
Korrektorat
Susanne Langer
Umschlag
v|Büro –
Jan-Dirk Hansen
Druck
Alcione, Trento

Printed in Italy

ISBN:
978-3-517-06955-5

98

Das für dieses Buch verwendete FSC-zertifizierte Papier *Profibulk* wurde produziert von Sappi Alfeld und geliefert durch die IGEPA

Register

Rezeptregister